Collana: **SANTI, BEATI E VITE STRAORDINARIE**

W0184456

PAOLO E LAURA BERTOLANI

UNA CATTEDRALE NASCOSTA

LA VITA DEL SERVO DI DIO DON ALFONSO UGOLINI

Testi: **Paolo e Laura Bertolani**

© Editrice Shalom – 08.05.2017 Beata Vergine Maria del Rosario

ISBN 9788884045003

Per ordinare questo libro citare il codice 8886

SHALOM
editrice

Via Galvani, 1
60020 Camerata Picena (An)

Tel. 071 74 50 440

dal lunedì al venerdì dalle 9.00 alle 19.00

Numero Verde **800 03 04 05** **solo per ordini**

Fax 071 74 50 140

in qualsiasi ora del giorno e della notte

ordina@editriceshalom.it
www.editriceshalom.it

L'editrice Shalom non concede diritti d'autore (né patrimoniali né morali) all'Autore del presente libro.

A coloro che hanno conosciuto e amato don Alfonso

Indice

Diocesi di Reggio Emilia-Guastalla

Presentazione

Sono lieto di presentare questa breve biografia del Servo di Dio don Alfonso Ugolini. La sua figura continua a edificare e illuminare chiunque la accosti – anche attraverso le righe di questo scritto – con il calore della sua carità e della sua umiltà.

Come spesso accade per gli uomini di Dio, più passano gli anni, più emerge l'imponenza della loro testimonianza di santità. La vita di don Alfonso, pur essendo attraversata, soprattutto nei suoi primi anni, da tanta sofferenza, dolore e difficoltà, si è sempre espressa attraverso le note della letizia cristiana, della gioia, della pace. Chiunque lo incontrava veniva raggiunto da questa musica nella quale ogni cosa tornava a prendere il suo giusto posto.

Qual è il segreto di don Ugolini? Certamente Dio lo aveva dotato di grandi doni. Ma il cuore della sua vita, il segreto della sua pacata gioia, penso fosse il suo rapporto particolare con la Madonna, sotto il cui manto egli continuamente visse e accolse chiunque si rivolgeva a lui.

In occasione di questa pubblicazione, desidero esprimere, anche a nome di tutta la nostra Chiesa di Reggio Emilia-Guastalla, profonda gratitudine al mio predecessore, mons. Gilberto Baroni, che riconobbe, assieme al popolo di Dio, la statura spirituale e umana di don Alfonso Ugolini, ed ebbe il coraggio, anche contro il parere di alcuni suoi collaboratori, di ordinarlo sacerdote e offrire così alla Chiesa un grande confessore, padre spirituale ed esempio di mitezza e umiltà sacerdotale.

Ringraziamo il Signore per aver fatto germogliare nella nostra terra un fiore così bello come don Alfonso. Mi auguro che il suo profumo possa presto spandersi per la Chiesa universale.

+ Massimo Camisasca
Vescovo di Reggio Emilia-Guastalla

Introduzione

Ritengo sia stata per me una grande grazia – allora giovane prete, vicario parrocchiale a Fiorano – aver conosciuto e incontrato don Alfonso, ormai negli ultimi anni della sua generosa e feconda vita apostolica.

Non sapevo nulla di lui, se pur confinanti, infatti appartenevamo a due Diocesi diverse, solo con il tempo dalle testimonianze di tanti ho potuto apprendere la ricchezza e la vastità del suo impegno apostolico.

Il nostro primo incontro avvenne nel Duomo di san Giorgio a Sassuolo; mi ricordo bene la fila dei penitenti al di fuori del suo confessionale e ad un tratto fui spettatore di una scena un po' inusuale: una signora si accostava al confessionale per offrirgli una tazzina di caffè, dal confessionale con discrezione si è protesa una mano che ha preso il caffè e poi, come se niente fosse, il sacerdote, al suo interno, ha continuato a confessare. Sembrava un appuntamento concordato, quasi che lo zelante confessore avesse timore di lasciare il suo posto di battaglia e di rubare – così – tempo prezioso a quelle persone che erano in fila per ricevere la consolante parola della misericordia.

Anch'io in quel giorno ero lì per confessarmi e mi sono domandato chi fosse quel sacerdote che aveva bisogno di quel "carburante" per poter continuare il suo faticoso ministero di confessore. Compresi, infine, una volta entrato nel confessionale, che le sue parole e soprattutto il modo con cui le esprimeva, sprigionavano una luce e una vitalità che certamente non derivavano dal caffè appena bevuto, ma erano la conseguenza di una vita interiore profonda e quasi straripante.

Rimasi seriamente colpito dalle sue parole semplici ma intrise di benevolenza e misericordia, capaci di entrare nel cuore e di parlare al cuore. Col tempo mi fu chiaro che il suo ministero di confessore era solo un aspetto, pur importante, del suo infaticabile ministero e la presente biografia svela come il suo apostolato sia stato – in realtà – a tutto campo, rivolto sia verso le necessità materiali come a quelle spirituali delle tante persone che erano certe di trovare in lui un Padre buono e un Amico premuroso.

Ritengo che il titolo di questa biografia sia indovinato: don Alfonso è stato una Cattedrale nascosta, non perché non fosse conosciuto - anzi al contrario - ma perché la sua intensa attività apostolica era l'esito di un tesoro ancora più grande che rimase discretamente nascosto e celato ai più: la sua vita di fede e di preghiera, la sua profonda e autentica devozione mariana, la centralità dell'Eucaristia ecco il vero "carburante" del suo servizio e ministero. Credo si possa dire che la sua copiosa e multiforme azione pastorale era solo la punta dell'iceberg del grande tesoro racchiuso nel suo cuore.

Ma c'è un altro insegnamento che don Alfonso ci consegna come un'eredità preziosa e feconda. Le grandi sofferenze che specie negli anni della sua infanzia ha dovuto affrontare, con la perdita di tutte le persone care della sua famiglia, invece che portarlo a ripiegarsi su se stesso l'hanno aperto alle necessità di tanti fratelli e sorelle sofferenti e provati. Don Alfonso non ha reso sterile la sua debolezza e la sua sofferenza, forse avrebbe avuto seri e fondati motivi per recriminare per quanto gli era accaduto, per la vita in "salita" che sin dall'inizio ha dovuto affrontare, e invece le prove e le afflizioni hanno reso il suo cuore compassionevole e misericordioso.

Credo che quando Papa Francesco ci dice che il "Pastore deve aver l'odore delle sue pecore", per chi ha conosciuto don Alfonso, sia stato spontaneo e immediato pensare a Lui.

Ringrazio di cuore i curatori di questa biografia che ci permette di conoscere più in profondità un uomo intriso di misericordia e di benevolenza; dobbiamo essere grati al Signore che anche le nostre terre, non di rado spiritualmente aride, hanno generato un'icona fedele e autentica del "Curato d'Ars", cioè di uomo e un sacerdote che, come il santo parroco di Ars, è vissuto totalmente divorato e consumato dall' Amore per Dio e i fratelli!

Mons. Giacomo Morandi
Sottosegretario Congregazione per
la Dottrina della Fede

Chiesa parrocchiale di Pianorso in cui hanno celebrato il loro matrimonio i genitori di don Alfonso.

I

INFANZIA DEL SERVO DI DIO

La famiglia Ugolini è originaria di Pianorso, una manciata di case seminate sull'Appennino Modenese, in comune di Lama Mocogno. Ferdinando, nonno del futuro don Alfonso, di ceto benestante, era Capitano delle milizie estensi. Il Duca stesso, quando era di passaggio per recarsi in Garfagnana, onorava la sua ospitalità. Dopo la proclamazione del Regno d'Italia, perse la carica, ma non i possedimenti terrieri. La sua generosa solidarietà verso i compaesani lo portò a fare qualche firma di avallo di troppo e i suoi beni furono posti sotto sequestro. Ai figli, dunque, lasciò solo i nomi, importanti sì, ma non molto efficaci per combattere la fame: Leonilde Irene Clorinda, alla figlia maggiore e Pietro Giovanni Guglielmo Enrico al figlio minore.

Enrico, perché sarà sempre chiamato con questo solo nome, si sposa con la ventenne Maria Anna Rondanelli Venturelli, di 16 anni più giovane di lui, il 20 ottobre 1904, nella chiesa dei SS. Pietro e Paolo di Pianorso. La sposa è piccola di statura, di costituzione minuta e leggermente claudicante; lo sposo, più maturo, è di aspetto distinto e porta capelli e baffi “all’umbertina”. Il matrimonio viene trascritto nel Registro Civile l’anno successivo. Il padre della sposa, Giuseppe Rondanelli, vuole aiutare il consuocero ad uscire dalla spirale del sequestro, ma la situazione è così complessa che, a causa delle spese legali, debiti pregressi e quant’altro, perde anche la sua proprietà.

Enrico si ingegna a fare il bracciante agricolo lavorando quella terra avara che più non gli appartiene e andando a giornata per una misera retribuzione. A causa delle ristrettezze economiche, legate a un sistema produttivo di pura sussistenza, il giovane sposo tenta la via dell’emigrazione. L’America è il sogno di quasi tutti gli emigranti di questa montagna che si sta spopolando; Enrico e Maria Anna, però, non possiedono il denaro necessario per pagare la traversata dell’Oceano, ma solo una piccola somma per un biglietto di terza classe; destinazione: il bacino carbonifero dell’Alsazia-Lorena, regioni che, allora, erano sotto la sovranità dell’Impero Germanico.

La stazione in cui Enrico scende, è quella di Thionville, cittadina di dodicimila abitanti che si sta ingrandendo a causa dell’industria siderurgica nascente, strategicamente vicina alle miniere di carbon fossile. Egli sa che qualche suo conoscente lavora in quei luoghi, ma non ha pianificato nulla. Nessuno lo aspetta; con i suoi poveri bagagli, si spinge nella campagna circostante e trascorre la prima notte in un capanno agricolo abbandonato.

Coloro che espatriano per ragioni di lavoro, non godono di nessun sussidio o aiuto da parte dello Stato ospitante e l'Italia, ben lieta di esportare manodopera despecializzata, dimentica i suoi figli e non presta alcuna assistenza. Le privazioni a livello di vitto e alloggio sono indescrivibili. Enrico, finalmente, comincia a lavorare in quei 60.000 chilometri di gallerie da cui si estrae il prezioso minerale che non rende ricchi i lavoratori indifesi e sfruttati. Appena possibile, si fa raggiungere dalla sposa.

Il 22 agosto 1908, festa di Maria Regina, in una poverissima abitazione di Thionville, nasce un bimbo a cui viene imposto il nome di Alfonso. Il piccolo è battezzato nella parrocchia di Knutange, diocesi di Metz, il 20 settembre di quello stesso anno. Nessuno si accorge del grande dono che il Signore ha fatto al mondo con la venuta di questo bambino: spesso, il silenzio accoglie chi è destinato alla gloria.

Le pietose condizioni della famiglia non migliorano. Questi anni rimangono nel cuore del bambino; mai dimenticherà nella sua vita coloro che, con il semplice titolo di migranti, bussano alla porta. Essi troveranno in lui non solo il pane e l'assistenza umana, ma soprattutto la fratellanza solidale di chi ha vissuto tale disagio; in loro, egli ravvisa il volto di Cristo povero e sofferente costretto alla fuga di fronte alla violenza e al sopruso.

Il sogno di Enrico e Maria Anna di costruirsi una vita più serena sfuma di fronte alle difficoltà quotidiane e così, poveri come erano partiti, sul finire del 1913 o agli inizi del 1914, ritornano a Pianorso e si stabiliscono in località Pangone, borgo posto sul lato della valle di fronte alla chiesa parrocchiale e alla scuola. A questa loro decisione non sono certamente estranee le prospettive di guerra i cui tragici eventi si annunciano già all'orizzonte.

Il soggiorno in terra straniera non è supportato da documentazioni che attestino frequenza alla parrocchia, amicizie e vita sociale della famigliola. Solo i ricordi di don Alfonso adulto permettono di ricostruire le dure fatiche e gli stenti dei suoi genitori. Lo stesso si deve dire della breve permanenza a Pangone dove Alfonso, a soli sei anni, deve percorrere, per la frequenza scolastica, qualche chilometro di sentiero e di mulattiera; la paura gli fa mettere le ali ai piedi ad ogni rumore sospetto. Frequenta certamente la pluriclasse di Pianorso, ma negli archivi non se ne trova traccia.

L'indigenza e la mancanza di opportunità di lavoro inducono gli sposi ad un ulteriore trasferimento; pieni di speranza in un futuro economico migliore, nel 1915, giungono a Sassuolo.

"Casa Mori" prima abitazione sassolese della famiglia Ugolini.

II

PRIMI PASSI A SASSUOLO

La cittadina, sulla riva destra della Secchia, e le frazioni limitrofe contano circa novemila abitanti. Il centro, stretto attorno al Palazzo Ducale che, ai tempi degli Estensi, ospitava la corte svariati mesi all'anno, non è molto esteso. Le manifatture ceramiche, nate e sviluppate con privilegi ducali, sono ancora allo stadio poco più che artigianale. Il paese che vive di un'economia legata prevalentemente all'agricoltura e al commercio, attira manodopera dalle colline circostanti.

Enrico e Maria Anna vanno ad abitare a "Casa Mori", in località Fossa che si trova all'estremo confine nord del comune. La casa è distante svariati chilometri dalla chiesa parrocchiale di San Giorgio martire. La famiglia vi si reca ogni domenica mattina alla Santa Messa. Il padre si ferma poi in preghiera fino alla chiusura della chiesa e sembra che nemmeno gli pesi l'ora di cammino che lo aspetta per tornare.

Enrico svolge attività saltuarie prima come bovaro, poi come manovale tuttofare; il lavoro non è mai stabile e la retribuzione è piuttosto magra. Sono tempi di polenta di granoturco o di castagne, di pane raffermo e poco altro. Il 15 maggio 1916, nasce Severina, con cui Alfonso condividerà l'infanzia e l'adolescenza.

La presenza della famiglia Ugolini viene registrata in comune solo nel 1917 quando, anche per facilitare la frequenza scolastica del piccolo Alfonso, si trasferisce in uno dei rioni più popolosi e malsani del centro: il quartiere "Rocca". Nell'abitazione c'è umidità alle pareti e il bagno, in comune a svariate famiglie, lascia abbondanti perdite di liquidi maleodoranti nelle scale. Verso la fine di quell'anno, vede la luce Cesarina che morirà nel 1919.

Ben presto, si cerca un altro alloggio in via Cavallotti al civico 30. Anche in quei due locali, posti alla fine di un buio cortile, l'umidità risale le pareti e non porta certo giovamento a mamma Maria Anna che comincia a mostrare i primi sintomi di tubercolosi. Nel mese di aprile 1920, nasce l'ultimo figlio, Cesare Mario che vivrà solo due mesi.

Alfonso frequenta il catechismo, ma, come affermerà più tardi, questo insegnamento religioso non inciderà molto sulla sua fede. Il suo vero catechista è il papà che, dopo la pesante giornata, ancora con gli abiti impolverati e molto stanco, recita ogni sera il Rosario in famiglia. E dalla sua bocca, nonostante la sofferenza per la salute malferma, non esce mai un lamento, ma solo la lode alla bontà del Signore. La mamma, dal canto suo, costituisce per il fanciullo un esempio di pietà e di fede: don Alfonso la ricorderà sempre con la corona del Rosario e il libretto delle *Massime Eterne* in mano.

Minata dalla tubercolosi e stremata dalle numerose gravidanze della sua vita matrimoniale, spesso non giunte a buon fine, mamma Maria Anna si aggrava.

Viene posta su una lettiga e caricata su un carretto tirato a mano per essere portata all'ospedale; il marito l'accompagna in questo ultimo viaggio di povera gente e lei, dal carro, rivolgendosi ai due piccoli figli superstiti, esprime il suo addio: «Figliolini miei, non vi rivedrò più». Una mattina del 1920, a distanza di un solo mese dalla morte dell'ultimo figlio, salirà al Cielo.

Alfonso che, durante la malattia della mamma, aveva frequentato con buon profitto la prima elementare, lascia la scuola verso la fine della seconda classe; senz'altro per l'angosciosa situazione familiare.

Rimangono nella povera dimora il papà Enrico, sempre più provato dalla fatica, la sorellina Severina di quattro anni e Alfonso, un minuto dodicenne

Gruppo Scout di Sassuolo di cui fa parte Alfonso.

che sente la tristezza per la mancanza della mamma. Frequentemente, pensa a lei quando non la vede più con lo scialletto sulle fragili spalle, a volte, inginocchiata in preghiera sull'umido pavimento. Di lei ha presente quell'immensa carità che la spingeva, pur nella miseria, a preparare una pagnotta per le orfanelle dell'Istituto San Giuseppe. Il giovinetto costruisce, con le mensole, qualche altarino e prega spesso, talmente che, come ricorda un suo coetaneo: «Pregava tanto che non aveva il tempo di crescere!». Entra, in questi anni, a far parte del gruppo parrocchiale Scout. Severina rimane per qualche tempo dai parenti a Pianorso e viene poi accolta tra le orfanelle dell'Istituto San Giuseppe.

Sono anni difficili per il Servo di Dio; nessun ricordino né festa per la sua Prima Comunione di cui non si conosce neppure la data; al primo incontro con Gesù, Alfonso è solo. Il padre, infatti, lavora alla costruzione e manutenzione di strade e, molto spesso, è lontano da Sassuolo. Una maestra, vedendo il ragazzo così abbandonato, gli dà a volte del cibo e gli insegna il catechismo. In questo modo, Alfonso, fuori età, il 1° ottobre 1921, riceve la Cresima insieme alla sorellina, nella chiesa di San Giorgio, per le mani del vescovo di Reggio Emilia-Guastalla Edoardo Brettoni.

Nel periodo estivo, Alfonso accompagna il papà sui luoghi di lavoro e dormono nei fienili anche per due settimane; nei momenti liberi, per arrotondare il salario, Enrico impaglia sedie e sgabelli. In seguito, quando il papà è assente, il figlio va a dormire, la sera, in una stanzetta messagli a disposizione da una buona vedova. Durante il giorno, data la sua giovane età, vaga per il paese e assapora il peso della solitudine. Una signora, per qualche soldo lasciato dal padre, gli dà una minestra.

Nelle sue confidenze a quello che sarà il suo primo biografo, don Erio Bertolotti, egli ricorda che qualche famiglia, impietosita, gli passa una scodella di zuppa, da mangiare mai a tavola in casa, ma sulle scale esterne. E non è questa l'unica umiliazione: arriva persino a tendere la mano. Un signore che, in tarda età, avrà poi tanto bisogno di don Alfonso, lo caccia offendendolo. E la vendetta d'amore del ragazzo diventato sacerdote si realizza sempre in quel silenzio che la vera carità esige.

Alfonso, appena adolescente, è davvero solo.

III

GLI ANNI DELL'ADOLESCENZA E DELLA GIOVINEZZA

Qualche documento ufficiale ci fa pensare alla vita convulsa di Enrico e del figlio: sono testimoniati diversi cambi di domicilio nel comune di Sassuolo, sempre rigorosamente in affitto. Una delle abitazioni della famigliola è nella *dépendance* di Villa Amalia che appartiene al conte Francesco Giacobazzi.

Il padre, nel frattempo, anche per assicurare la dovuta assistenza ai due fanciulli, nel mese di settembre 1922, si risposa con Rosa Bergonzini pure lei vedova. Don Alfonso, ricordandola, affermerà: «Si dice che matrigne di zucchero non ne esistono, ma lei era buona, affettuosa e instancabile lavoratrice».

L'adolescente Alfonso, interrotta la frequenza scolastica, si adatta a fare ogni genere di attività che gli viene offerta saltuariamente: aiuta in pasticceria, è garzone nel magazzino di una drogheria, diventa apprendista presso un bottaio e un falegname. Le assunzioni sono precarie e, spesso, Alfonso si trova privo di qualsiasi lavoro.

All'età di quindici anni, una sera in cui si sente molto triste e ha solo voglia di piangere, avverte in sé una voce: «Perché vuoi piangere, non sono io con Te?». Il ragazzo la interpreta come la voce del-

la Madonna; corre in chiesa davanti alla Grotta di Lourdes con gli occhi colmi di lacrime; si sfoga e si confida con Lei.

«Ero solo, ero orfano, ma ero suo figlio. Mi sono alzato che ero totalmente cambiato. Mi ha proprio fatto capire: "Ci sono io con te, sempre". È stata Lei che mi ha chiamato. In quel momento, ho cominciato a sentire la sua presenza».

Da allora, seguirà la chiamata della Mamma celeste sentendola sempre vicina in ogni circostanza della sua vita. Dopo il Signore, essa sarà la sua guida.

La sua devozione alla Santa Vergine si accresce di giorno in giorno anche in seguito alla lettura del *Trattato della vera devozione a Maria* di san Luigi Maria Grignion de Montfort. Il libro gli viene offerto da una suora delle Francescane Missionarie di Cristo.

Il parroco, don Giuseppe Zanichelli, gli offre il lavoro di aiuto sacrista e lo forma religiosamente con colloqui frequenti e buone letture; il giovane lo sceglie come padre spirituale; matura in lui un immenso amore per la Santa Vergine tanto che consegna nelle sue mani tutta la vita consacrandosi a Lei, impegnandosi sulla via della castità, povertà e obbedienza e spingendosi fino alla promessa di purezza angelica.

Verso l'età della chiamata al servizio militare, si acuiscono in Alfonso i sintomi di una malattia polmonare già manifestatasi in precedenza. Dopo una visita medica a Sassuolo, gli viene consigliato di sottoporsi ad esami radiologici e ad un controllo specialistico all'Ospedale di Modena. A piedi, con il papà percorre i diciotto chilometri che lo separano dalla città e, dopo gli accertamenti del caso, viene rinviato al medico curante con il referto. La strada è lunga e la curiosità pure; la lettera viene aperta e la sentenza che emerge è tra le più preoccupanti per l'epoca: la tubercolosi è talmente avanzata che non si prende neppure in considerazione il ricovero in sanatorio; si consiglia solo la somministrazione di qualche vitamina. Un successivo controllo all'Ospedale Civile di Sassuolo non modifica la sentenza.

In questo momento di sconforto, ricorda le parole della Madonna: «Ci sono io con te, sempre» e si abbandona totalmente nelle braccia della sua Mamma. Intraprende una novena e la guarigione è totale; per tutta la vita, si sentirà un privilegiato, miracolato dall'amore di Maria, mediatrice di ogni grazia.

Il servizio di leva viene decisamente evitato e il parroco gli propone di diventare il sagrestano della

Il catechista Alfonso tra i suoi ragazzi a San Polo.

Gruppo Giovani di Azione Cattolica a cui appartiene Alfonso.

Alfonso già da anni nelle sue mansioni di sagrestano-accolito.

chiesa parrocchiale e, nel contempo, di insegnare il catechismo specialmente nelle zone più lontane dal centro come, ad esempio, la località di San Polo.

Siamo nel 1929 e Alfonso comincia il suo apostolato come sagrestano-catechista.

IV

SAGRESTANO E CATECHISTA

Il parroco gli fa confezionare una divisa nera con il colletto bianco per i servizi di pulizie, preparazione degli altari e tutto ciò che spetta ad un sagrestano. Gli viene affidata anche l'incombenza di accolito; durante questa mansione, indossa la veste dei chierichetti: una talare rossa e una cotta con cui si accosta all'altare per il servizio. Le messe quotidiane sono numerose: si comincia alle sei del mattino, poi seguono le messe delle sette e delle otto; spesso, quando sostano sacerdoti forestieri, si prosegue fino alle dieci. Don Zanichelli è comprensivo, ma abbastanza esigente per quanto concerne la pulizia della chiesa; una volta la settimana, tutti i banchi sono da rimuovere, i candelieri da spolverare, il pavimento da lucidare con la segatura, i sette altari da apparare con tovaglie e fiori. In chiesa, manca persino l'acqua corrente e bisogna andare a rifornirsi con secchi alla fontana di piazza, la Guglia. È anche suo compito andare "alla cerca" per le necessità della canonica e dei poveri: lo fa spingendo un pesante carretto.

La vita, per un giovane di costituzione fragile come Alfonso, è abbastanza dura; la chiesa di San Giorgio diventa la sua casa dal mattino fino a sera inoltrata. La parrocchia, d'altra parte, conta oltre settemila anime, ma la chiesa è frequentata anche dagli abitanti delle dieci frazioni e da tutti quelli che dalla montagna e dalla campagna partecipano ai due mercati settimanali del martedì e del venerdì; Sassuolo ha quasi dodicimila abitanti. Il lavoro è dunque faticoso, ma Alfonso lo considera una missione e trova anche il tempo di colloquiare con tante persone che cominciano a confidare a lui i loro piccoli e grandi problemi. Stupisce la sua devozione, la sua preghiera pressoché continua e il rispetto profondo per il Santissimo Sacramento; centinaia di volte passerà davanti al tabernacolo, mai senza la genuflessione. Sembra che sia l'Angelo Custode ad aiutarlo a portare avanti un'attività così incalzante e disagevole; per di più, è nominato anche responsabile dei chierichetti. Non è mai severo; di fronte alle loro birichinate, la sua sgridata più severa è: «Se fate così, non volete bene a Gesù».

Nel gennaio 1931, muore il parroco don Zanichelli; gli succede mons. Zelindo Pellati che conferma Alfonso in ogni suo incarico. Gli dà anche qualche mansione aggiuntiva che non è particolarmente apprezzata, ma che viene svolta sempre con obbedienza immediata: deve controllare che l'abbigliamento femminile sia consono all'ambiente sacro e, quindi, vietare l'ingresso alle inadempienti.

Le norme, in questo periodo, sono rigide e Alfonso si trova spesso in imbarazzo a farle osservare tanto più che i giovani della parrocchia lo prendono bonariamente in giro perché guarda troppo le donne. A lui che aveva già fatto promessa di castità, la cosa non risulta gradita, ma l'obbedienza è diventata, con la carità, una regola cogente della sua vita.

Ogni anno, partecipa agli esercizi spirituali; conserviamo di ognuno di essi note molto interessanti che ci chiariscono la sua profonda spiritualità. Non sono solo appunti riassuntivi delle meditazioni proposte, ma riflessioni e propositi che portano a scorgere in lui una sete di perfezione di vita e di santità veramente notevoli. La sua fede e la sua carità si manifestano nelle relazioni personali con chi è nella sofferenza, nel dolore e nella necessità. A tutti apre le porte della speranza che non lo mostra mai abbattuto, mai turbato o colpito dal fango del mondo, ma sempre ricco di una felicità interna da distribuire a chiunque viene in contatto con lui.

Dopo tante traversie, la vita di Alfonso scorre abbastanza serena: lavoro, preghiera e affetti familiari.

La sorella Severina, che era stata affidata ai parenti di Pianorso e poi accolta tra le orfanelle nell'I-

Severina Ugolini entra tra le postulanti a Rimini.

stituto San Giuseppe di Sassuolo, viene avviata e sostenuta negli studi dalle Suore Francescane Missionarie di Cristo. Passa, in seguito, nella Casa Madre di Rimini e diventa suora con il nome di suor Fedele della Divina Volontà. Le sue lettere al fratello, conservate gelosamente da lui, rivelano un'anima santa, totalmente unita al Signore, pronta a offrire la sua vita per Lui. Fratello e sorella, anche se si vedono poco e se le lettere, specialmente quelle di Alfonso, non sono numerose, vivono realmente una comunione spirituale profonda. Davvero il nome assunto da religiosa dà un'immagine veritiera della sua esistenza: sempre pronta a fare la volontà del Signore e con lo sguardo rivolto a un'altra vita dove l'eternità d'amore è la meta di chi ha seguito il cammino tracciato da Lui. Varrebbe la pena di parlare della sua santità e pubblicare le sue lettere che rivelano un itinerario spirituale difficilmente imitabile.

Il tempo della serenità dura pochi anni. Nel mese di marzo 1939, muore papà Enrico, minato da un cancro allo stomaco; pochi mesi dopo, in dicembre, muore anche Rosa, sposata in seconde nozze. A suor Fedele (Severina) viene diagnosticato lo stesso terribile male che aveva colpito il padre. Lei aveva già detto al fratello che sarebbe morta all'età di santa Teresa di Gesù Bambino e ciò si avvera: sale al Cielo il 6 febbraio 1940, a soli ventiquattro anni.

Alfonso rimane ancora una volta solo. Inizia una nuova fase della sua vita. Va ad abitare nel sottotetto della casa dove già alloggiava con il papà e la matrigna; la sua mobilia è ridotta a una brandina, una sedia, un tavolino e un inginocchiatoio. Più che camera, è meglio definirla una soffitta con travi e tegole a vista dove il giovane, oltre a conservare le poche cose che possiede, gode anche della sensibilità dell'anziana domestica del conte. È lei che gli cura i soliti indumenti sgridandolo bonariamente perché, a furia di stare inginocchiato, rovina quasi irrimediabilmente i pantaloni.

La seconda guerra mondiale è alle porte.

V

NEL VORTICE DELLA GUERRA

Giugno 1940: l'Italia precipita nel baratro della guerra. L'euforia iniziale, accesa dalle rapide avanzate delle truppe tedesche, si spegne pochi anni dopo nelle cosiddette "ritirate strategiche" che porteranno a combattere nel Paese, casa per casa. Il pane quotidiano sarà l'angoscia dell'incertezza della propria esistenza e della vita dei propri cari. Il dolore visita ogni casa e la morte aleggia ovunque soprattutto quando l'odio scatenerà una guerra civile che non terminerà neppure alla fine del conflitto nell'aprile del 1945.

In questo periodo, Alfonso continua il suo impegnativo lavoro di sagrestano e di catechista. Il 20 settembre 1941 ottiene l'attestato di idoneità all'insegnamento del catechismo nelle scuole parrocchiali. Inforca la bicicletta e raggiunge i suoi ragazzi nelle frazioni più lontane dal centro. Le aule sono spesso una stalla, un portico o l'ombra di un albero. I suoi alunni gli vogliono bene, lo aspettano con ansia e c'è sempre qualcuno che segnala il suo arrivo sulle strade polverose della povera periferia; a questi ragazzi, la cui prima lingua straniera è l'italiano, riesce a trasmettere con facilità più che le nozioni, quell'amore per Gesù e Maria che porta nel cuore e che sfolgora dai suoi occhi luminosi. I chilometri in bicicletta, macinati con la recita del Rosario, terminano a sera quando ritorna alla sua soffitta parecchio distante dalla sua chiesa di San Giorgio. Sette biciclette gli serviranno per questo importante servizio, non perché le consuma, ma semplicemente perché la miseria induce spesso al furto di questo mezzo di trasporto; non reagisce mai con acredine né tantomeno con rancore, è convinto che qualcuno ne abbia più bisogno di lui. La carità è anche sapere accettare questi che lui considera "piccoli inconvenienti": andrà a piedi, poi la Provvidenza interverrà.

Mentre rincasa la sera o quando si reca a fare catechismo, molte volte viene fermato dalle pattuglie tedesche, ma sembra che la sua Mamma celeste lo protegga in ogni difficoltà: riesce sempre a cavarsela anche sull'orlo del coprifuoco. E la tragedia continua per cinque anni.

La drammatica situazione del periodo bellico e di quello immediatamente seguente il conflitto, portano lutti e dolori in tante famiglie: Alfonso prega con chi si confida; ascolta e asciuga le lacrime altrui. È dal dialogo con lui che tanti partono confortati e rasserenati.

Nel 1946, viene trasferito a Reggio Emilia da Cesena, il vescovo mons. Beniamino Socche; il presule si trova nel pieno della bufera del dopoguerra, nel centro del "triangolo della morte", con continue uccisioni e violenze ad opera di partigiani comunisti, specialmente nei confronti di sacerdoti, seminaristi e cristiani impegnati nel sociale. Il suo coraggio, con il sostegno di Papa Pio XII, porterà qualche sollievo alla Chiesa reggiana e accelererà la fine di questi omicidi. È un vescovo devotissimo al Sacro Cuore e alla Madonna; sarà lui a indire il cammino, in ogni parrocchia della sua diocesi, della statua della "Madonna Pellegrina".

Alfonso organizzerà lo stesso pellegrinaggio della Madonna nelle famiglie della parrocchia. La statua della Vergine rimane per qualche giorno nelle case dove si recita quotidianamente il Rosario; questo itinerario d'amore accende i cuori spenti, rinnova la preghiera e, spesso, si registrano mutamenti di vita e vere e proprie conversioni.

Il vescovo Socche, nel marzo 1948, riconosce i "Servi della Chiesa" di don Dino Torreggiani come istituto secolare di diritto diocesano con l'approvazione della Santa Sede. La prima associazione fondata da don Dino era stata l' "Unione Catechisti" nella quale erano accolti anche sagrestani, addetti al culto e laici cristiani consacrati. Il parroco, mons. Pellati, compagno di studi di don Dino e suo grande estimatore, mette in contatto il suo sagrestano con il fondatore. Alfonso sente che il carisma di questo nuovo istituto diocesano gli si addice perfettamente: vivere da povero con i poveri. Realizza così il sogno che accarezzava sin da ragazzo quando desiderava donarsi al Signore in modo totale e completo.

Non lascia passare neppure un anno e presenta la domanda per entrare nell'Istituto che, pur in una forma particolare, come vedremo, sarà il suo punto di riferimento per la vita.

Il parroco gli affianca qualche aiuto per la funzione di sacrista. In effetti, Alfonso, uomo di fiducia dell'arciprete, inizia a fare anche i primi passi come segretario parrocchiale.

VI

IL SERVO DELLA CHIESA

La domanda presentata al fondatore viene accettata e Alfonso, ormai quarantenne, comincia il cammino di noviziato presso la "casa madre" di Reggio Emilia. Raggiunge questo vecchio stabile di via Fontanelli in bicicletta, percorrendo una cinquantina di chilometri ogni volta. Don Dino Torreggiani chiede al Vescovo la dispensa dai sei mesi di probandato per Alfonso Ugolini, a cui farà seguito anche la domanda di dispensa dal secondo anno di noviziato; tutto ciò per consentirgli di proseguire presso la parrocchia di San Giorgio le sue mansioni, nel corso degli anni sempre più impegnative, come si legge in qualche riga di una sua lettera ad un sacerdote dello stesso Istituto: «*...Qui a Sassuolo il lavoro è sempre molto intenso dal mattino alla sera e direi che è in aumento in tutti i campi e molte volte sento suonare mezzanotte e oltre qui in ufficio...*».

L'accoglimento di queste richieste da parte del Vescovo dimostra che l'*iter* di Alfonso all'interno dell'Istituto è del tutto particolare. Ciò non toglie che egli ne senta un grande senso di appartenenza, che sia fedele al carisma di fondazione e alla scelta di carità in favore degli ultimi; questo suo profondo legame, che lo accompagnerà sempre, si evince anche dalle lettere che egli invia ad altri membri dell'Istituto come don Alberto Altana, don Giovanni Reverberi e il fondatore stesso: tutti sacerdoti morti in concetto di santità e di cui già si è istruito il processo diocesano di beatificazione e canonizzazione. Ai Servi della Chiesa che hanno la cura pastorale della parrocchia di Cremignane, tra l'altro, scrive: «*...Spiritualmente vi sono tanto vicino e vi sono pure vicino con il mio ricordo e specie con la mia preghiera affinché la Madonna vi assista vi illumini vi guidi e soprattutto vi santifichi. Questo è il mio augurio che vi faccio di vero cuore, che vi facciate Santi e grandi Santi e presto Santi, altrimenti sareste dei falliti...*».

Pur non abitando mai in una casa dell'Istituto, partecipa sempre agli esercizi spirituali annuali e agli incontri formativi. A lui, in queste occasioni, viene sempre affidata la recita del Santo Rosario quotidiano perché gli altri confratelli lo associano indissolubilmente alla devozione completa e totale alla Santa Vergine. Anche prima di diventare sacerdote, il laico Alfonso era considerato con grande stima e amicizia all'interno della comunità e persino il fondatore intratteneva con lui veri rapporti spirituali.

Qualche frase estrapolata dai numerosi appunti presi durante gli esercizi spirituali, anche anteriori al suo ingresso nell'Istituto, può farci comprendere a quale meta aspirasse: «*Voglio essere tutto del Signo-*

re» (1932); «*Mi voglio staccare da tutto. Mi voglio fare santo»* (1934); «*Guarderò di praticare in modo particolare la virtù della purità»* (1935); «*Amerò tanto la santa povertà. Qualunque sia la croce che Gesù mi vorrà dare, la porterò volentieri. Vivere angelicamente puro. Praticherò la virtù dell'umiltà e della mansuetudine»* (1941); «*Voglio dimostrare la mia fedeltà con le opere»* (1942)... E si potrebbe proseguire.

«*L'Istituto è opera di Dio, soltanto opera di Dio. È la famiglia attraverso cui arriviamo all'amore di una famiglia più grande, la Diocesi, la Chiesa»*. Così affermava don Dino Torreggiani e Alfonso, prima da laico e poi da sacerdote impegnato in parrocchia, realizza questo amore nella sua lunga esistenza dedicandosi in particolare, come richiesto dallo Statuto, ai poveri, ai carcerati, agli zingari, agli emarginati. Lo testimoniano le volontarie che lo aiutano nel suo lavoro in parrocchia e che egli invia, quando non può andare personalmente, nelle carceri, sulle carovane, nelle case di riposo, negli ospedali e nelle dimore più misere dove non brilla il sole della carità.

Il suo cammino è talmente solido e convincente che molti membri dell'Istituto, pur conoscendo la sua carenza di titoli di studio, ricorrono a lui nei momenti di difficoltà, ricercano la sua direzione spirituale (che viene svolta anche in forma epistolare) e i suoi consigli. È sempre disponibile soprattutto in tempi di crisi dei singoli e dell'Istituzione stessa. Splendide sono le lettere che ci rimangono in cui incoraggia il fondatore a non cedere allo sconforto, a non avvilirsi di fronte alle opposizioni persino interne e ad affidarsi alla Madonna che arriverà «*dove non arriviamo noi*».

Fino alla fine Servo della Chiesa, attraverso la famiglia più grande della parrocchia e della diocesi.

Il Servo della Chiesa al servizio degli ammalati.

VII

IL FRATERNO AIUTO CRISTIANO

La virtù in cui Alfonso prima, e don Alfonso poi, eccelle, è la carità. Egli la esercita in un paese che si sta rapidamente trasformando da piccolo centro, economicamente legato all'agricoltura e al commercio, in un polo industriale che sarà per vario tempo la capitale mondiale della ceramica e che richiede una manodopera numerosa. La popolazione, in pochi anni, si moltiplica per tre. Dai paesi della collina e della montagna che fanno corona alla cittadina, giungono numerosi disoccupati che cercano una promozione economica e una vita migliore. Ben presto, dalle zone più depresse del Meridione migrano centinaia di braccianti che necessitano di assistenza a livello abitativo, sanitario e di lavoro. Alcuni di loro arrivano con un biglietto in cui è scritto un solo nome, spesso storpiato: *Ugolino, Ugolini*. Questo personaggio umilissimo che spende tutta la sua esistenza in atti di amore verso il prossimo, diventa, suo malgrado, noto e conosciuto anche in località lontane.

Accanto alla carità materiale, Alfonso pratica da sempre anche la carità dell'ascolto e del consiglio (carismi che perdurano per la vita intera). Qualche sacerdote riferisce di aver salvato la vocazione quando, da seminarista, il sagrestano di San Giorgio lo ha consigliato e sostenuto nei momenti più delicati del suo discernimento vocazionale.

Di fronte alla marea di persone che si trasferiscono con le loro famiglie, è necessario organizzare in modo più razionale l'aspetto caritativo. Lui che era nato profugo, che aveva conosciuto la miseria e aveva dovuto tendere la mano in tempi non lontani, sente che i suoi fratelli hanno bisogno di solidarietà non solo morale, ma anche e soprattutto materiale. Nel 1954, infatti, fonda in parrocchia la sezione F.A.C. che fa parte di un'associazione nazionale nata per l'intuizione di un salesiano; non si tratta di un movimento strutturato con iscritti e tesseramento, ma è solo un insieme di fratelli che vogliono attuare nella loro e nella vita altrui l'incontro vivo e reale con Gesù attraverso la carità.

I numerosi volontari assistono tutti, senza distinzione di credo politico o di provenienza. Nei momenti in cui il comunismo è ancora una minaccia a livello locale, Ugolini soccorre anche i nemici politici fornendo lavoro, assistenza medica e soluzioni abitative; a chi gli rimprovera questo atteggiamento dice: «*Anche loro sono figli di Dio*!». Si organizzano momenti di incontro per immigrati, si cerca di ren-

Nella pagina a fianco,
Don Alfonso a Loreto col Presidente nazionale della Caritas
l'arcivescovo di Modena-Nonantola mons. Benito Cocchi.

dere possibile l'integrazione sociale, si istituiscono doposcuola, colonie estive sulle Alpi e sull'Adriatico, rappresentazioni teatrali, persino un ambulatorio.

La segreteria parrocchiale diventa un centro non solo di aiuto, ma anche un ufficio di collocamento. Vari dirigenti industriali hanno fiducia in Alfonso e facilitano le domande di assunzione che giungono da lui. Ci sono anche problemi legati alla pensione, alle cure sanitarie, ai ricoveri ospedalieri e quant'altro. E se le problematiche esulano dal campo locale, il segretario Ugolini scrive anche ai potentati: al Presidente della Repubblica Antonio Segni, al Presidente del Consiglio Giulio Andreotti, al Ministro Giuseppe Medici, a medici notissimi, a sindaci, generali e a chiunque può essere ministro dell'amore che egli nutre per gli altri. E non solo le buone parole, ma anche le soluzioni fioccano. Dal 1954, numerosi bisognosi ottengono soccorso, aiuto e sostegno. Ne fanno fede le decine di rubriche con migliaia di nomi di richiedenti, le fatture pagate, i buoni alimentari e le centinaia di lettere che sono conservate e archiviate. Le offerte che raccoglie sono generose; milioni di lire passeranno dalle sue mani, ma le sue tasche saranno sempre vuote.

Quando diventerà sacerdote e il confessionale, la direzione spirituale, le visite agli ammalati e l'amministrazione dei sacramenti gli lasceranno un tempo limitato, tutte queste forme di assistenza continueranno attraverso i collaboratori volontari che egli dirigerà con un sorriso paterno.

Non è un assistente sociale; la sua carità senza misura è nella verità ed è sostenuta dalla fede e dalla preghiera; in essa c'è la santità dell'incontro con Cristo: prima di donare, ama.

Fino alla fine dei suoi giorni non avrà spazio per se stesso e si lascerà letteralmente annullare nei fratelli in cui scorge il volto di Gesù.

Con i sassolesi dal cardinal Giacomo Lercaro.

Tesseramento annuale dell'UNITALSI presieduto da mons. Zelindo Pellati col segretario Alfonso.

Chiesetta di San Polo dedicata alla Madonna della Medaglia Miracolosa.

VIII

UNITALSI

(Unione Nazionale Italiana Trasporto Ammalati a Lourdes e Santuari Internazionali)

Ogni lettera scritta dal segretario parrocchiale comincia sempre con «*Ave Maria*!». La Madonna è, nella vita del Servo di Dio, la luce che gli rischiara le ore più buie. È la certezza di avere una Mamma in Cielo che lo ama e lo sostiene in ogni circostanza, che gli fa dire ai penitenti: «*Stai vicino alla Madonna... Non trascinare la croce, ma portala con amore!*». Ed è il primo a darne l'esempio. Il *Trattato della vera devozione* del Montfort, che aveva letto da giovanissimo, diventa, dopo il Vangelo, il libro che predilige per la sua formazione spirituale insieme all'*Imitazione di Cristo.*

Sono molte le iniziative per onorare la Santa Vergine. Da sempre, sogna di costruirle almeno una cappella nella frazione di San Polo, dove da giovane si recava a fare catechismo, ma non ha un soldo e le poche famiglie del luogo non sono certamente ricche.

Nel 1952 gli viene suggerito di giocare alla SISAL, antenata del Totocalcio. È completamente digiuno del gioco del calcio; un amico sacerdote gli compra la schedina e lo aiuta a compilarla. Inaspettatamente, ottiene un premio di 500.000 lire, non poco a quell'epoca. La notizia della vincita e del motivo della partecipazione a questo gioco, si spande e fioccano le offerte. Il terreno su cui costruire viene donato; il progetto è senza compenso e parte delle spese di costruzione è gratuita. Il bilancio si chiude in attivo e la chiesetta, dedicata alla Madonna della Medaglia Miracolosa, viene inaugurata e benedetta solo un anno dopo; persino il Vescovo vuole essere presente a questo avvenimento. È un piccolo santuario, ma per il Servo di Dio è bello come quello di Lourdes. *«Oportet Mariam regnare...De Maria numquam satis...»,* così ripete spesso e gli pare che questo piccolo trono offerto alla Mamma celeste sia come un predellino di lancio per altre imprese.

Gli ammalati richiamano in modo particolare la sua sensibilità caritativa e, quando sente parlare dell'UNITALSI, non esita un istante a fondare la sottosezione che, tuttora, continua a mettere al centro della sua attività la carità vissuta come servizio gratuito agli ammalati e ai disabili; carità che non cessa alla fine di ogni pellegrinaggio, ma si espande verso tutti senza distinzione alcuna. Siamo nel dicembre 1956 e, durante la novena dell'Immacolata, il gruppo sassolese diventa una realtà.

Alfonso porta nel cuore Lourdes; davanti a quella grotta dove la Vergine apparve a santa Bernadette, il dono della preghiera che egli possiede esplode, i suoi occhi sprizzano luce e gli sgorga il canto della sua *traboccante riconoscenza.* Sono parole che si leggono nel suo testamento spirituale unite a questa affermazione: «*Mi affido di nuovo alla Madonna che ho seguito e amato con totale abbandono alle sue delicatezze materne*». Là, ai piedi dei Pirenei, si sente in «*un lembo di Paradiso, un'oasi nel deserto di questo mondo*» come scrive in una lettera ad una sua penitente.

Da quel momento, il Servo di Dio prende parte, con frequenza quasi annuale, a pellegrinaggi a Lourdes e Loreto accompagnato da barellieri e dame impegnati con gli ammalati sempre numerosi; i poveri partecipano gratuitamente. Particolare valore viene dato agli ospiti della Casa della Carità, splendida realizzazione di don Mario Prandi: per Alfonso, sono loro i padroni e i signori.

Pellegrinaggio a Lourdes col cardinale Camillo Ruini allora vescovo ausiliare di Reggio Emilia.

Riuscirà, da sacerdote, nonostante le mani vuote e le tasche bucate, a compiere anche il suo primo pellegrinaggio in Terra Santa perché «è *la Provvidenza del Signore e della Madonna che mi ha mandato due persone che mi hanno pagato tutto*».

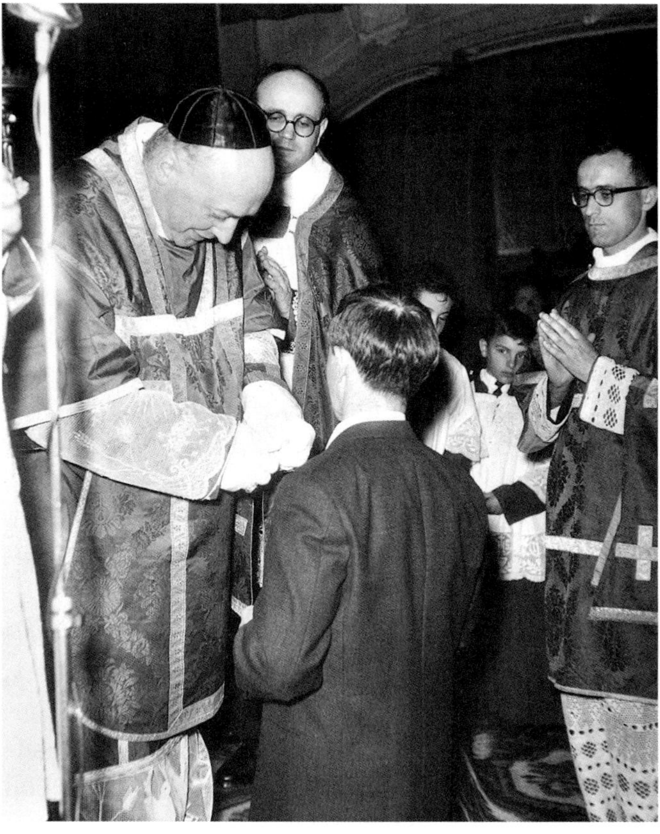

Alfonso riceve la decorazione pontificia "Pro Ecclesia et Pontifice".

Nel 1977, riceve, dopo venti anni di presidenza della sottosezione, una medaglia di benemerenza con una motivazione che, tra l'altro, afferma: «*Cristo presente nei malati è sempre stato il suo ideale*».

Non è l'unica onorificenza che gli è stata attribuita. A sua completa insaputa e con grande meraviglia, aveva ricevuto nell'aprile 1961 la decorazione pontificia "*Pro Ecclesia et Pontifice*". Il giornale diocesano *La Libertà*, qualche anno dopo, nel 1969, ricordava l'evento:

«*Molte ossa, un po' di pelle, capelli grigi arruffati, uno sguardo penetrante, ma carico di bonomia, un cuore grande così: ecco Alfonso Ugolini, segretario, finanziatore, Servo della Chiesa, povero come san Quintino, insignito della onorificenza papale. La carità e l'umiltà personificate... Declinate pure le sette opere di misericordia corporale e aggiungete quelle spirituali, e troverete tutto Ugolini, in carne, pelle, ossa, anima e cuore*».

Questa testimonianza è davvero importante perché mette in evidenza la fama di virtù che circonda il Servo di Dio. Anche nell'elezione del primo Consiglio Pastorale Parrocchiale ottiene il 74% dei suffragi. E pensare che i suoi amici e i suoi più fedeli collaboratori non gli hanno dato il voto perché hanno avuto pietà per l'immenso lavoro che già svolgeva.

IX

IL DIACONATO E IL SACERDOZIO

Severina, sorella di don Alfonso, al parroco di Sassuolo che, durante la sua lunga malattia, la invita ad offrire le sue sofferenze al Signore per un giovane studente di Teologia, risponde che lo farà, ma che aggiungerà anche l'intenzione che il fratello diventi sacerdote. Nelle lettere e nei colloqui con Alfonso, essa aveva colto questo profondo desiderio che egli cullava nel cuore sin dai 14 anni. Il Servo di Dio si rende conto che la mancanza di qualsiasi titolo di studio è un vero e proprio ostacolo all'aspirazione a diventare ministro del Signore; nonostante ciò, egli la mantiene sempre viva.

Il Concilio Vaticano II, reintroduce il "diaconato" come grado permanente della gerarchia; i Servi della Chiesa, sotto la guida di don Dino e don Altana, condividono immediatamente questa grande opportunità offerta alla Chiesa e fondano la prima scuola di formazione per diaconi. In questo periodo, Alfonso scrive: «*Il Santo Diaconato è una cosa bella e grande*» e sembra accarezzare l'idea di fare questo passo. Scrive al Superiore in questo senso, ma la risposta non giunge.

In occasione di un pellegrinaggio a Roma, riesce, con la complicità benevola di un gendarme pontificio, a intrufolarsi in prima fila e ad entrare in contatto con il Papa, il Beato Paolo VI. È tale la sua emozione di trovarsi alla presenza del Vicario di Cristo che non riesce a parlare e, in special modo, a chiedere a Sua Santità la grazia del Diaconato.

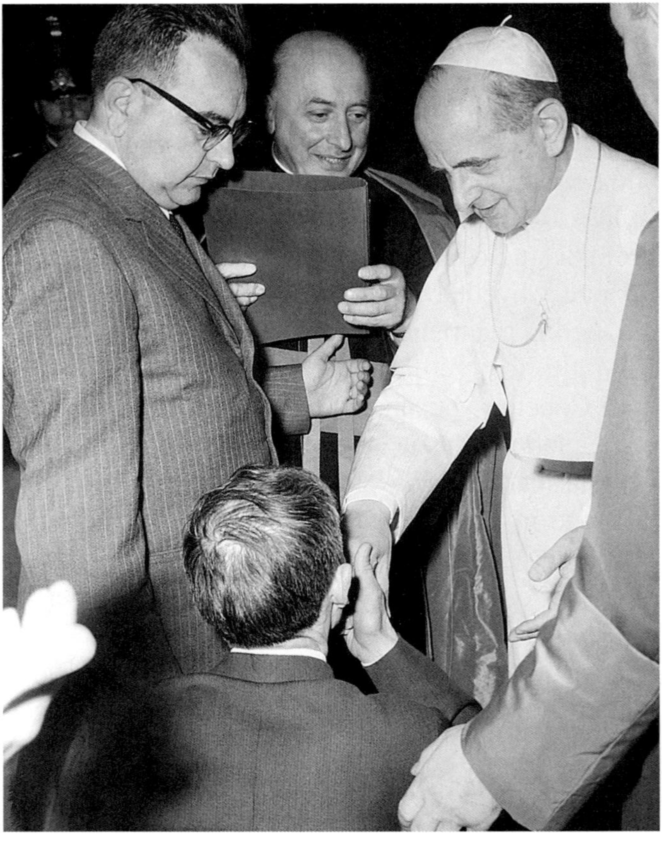

Il Signore ha, però, in serbo per lui le meraviglie del suo amore. Passano quattro anni dal suo desiderio non accolto di diventare diacono permanente, quando accade un fatto decisamente sorprendente per lo svolgersi degli eventi.

È il 12 maggio 1972, Alfonso vuole far visita a un sacerdote ammalato, don Enzo Boni Baldoni, già vicario a Sassuolo, che è ricoverato in fase terminale in una clinica di Parma. L'autista che lo trasporta, sbaglia clinica e giungono con molto ritardo al letto del paziente proprio quando il vescovo di Reggio E., mons. Gilberto Baroni è presente a portare conforto. Il Vescovo, che aveva già stabilito di ordinarlo diacono, chiede ad Alfonso: «*Cosa ne facciamo del tuo Diaconato?*» e, prima ancora che egli risponda, il sacerdote ammalato si rivolge al Vescovo: «*Eccellenza, la faccia completa, lo ordini sacerdote!*». «*E tu, cosa ne pensi*?». Il Servo di Dio risponde: «*È stato il desiderio di tutta la mia vita, ma non ho mai avuto il coraggio di dirlo*». «*Hai fatto male. Quando sei a casa, scrivimi la domanda e mandamela subito. E non dire niente a nessuno!*».

Sono giorni in cui lo Spirito Santo mette le ali ad Alfonso. Egli, che vive ormai da anni in canonica, ha qualche difficoltà a nascondere la sua gioia e a rispondere alle domande che si fanno insistenti su quella letizia che non riesce a contenere. Ed è una vera e propria sorpresa per i sacerdoti, convocati dal Vescovo pochissimi giorni dopo, quando si sentono leggere la domanda di Alfonso e richiedere un parere in merito. Tutti concordano sulla scarsa preparazione culturale e teologica, anche se ammettono la maturazione umana e spirituale del candidato formata a contatto con le sofferenze e le povertà del vasto mondo degli emarginati che si rivolgono a lui: il diaconato parrebbe essere più che sufficiente. Don Ercole Magnani, parroco designato di Sassuolo, afferma: «*Eccellenza, moltissimi fedeli si rivolgono ad "Alfonsino" e gli confidano anche le cose più intime, chiedono consigli; egli attua una sorta di direzione spirituale, ma non può assolvere. Lo faccia prete*». Il Vescovo, che aveva già espresso il suo parere positivo circa l'accoglienza della domanda, riconferma la sua volontà nonostante le perplessità del Consiglio Episcopale e dei sacerdoti presenti. Non si pentirà mai di questa sua decisione; già emerito, a chi gli ricorderà questa scelta risoluta, risponderà: «*Da vescovo di Reggio sono almeno sicuro di aver fatto una cosa giusta: aver ordinato prete don Alfonso!*».

Viene steso un programma di minima per colmare le carenze di studi del sagrestano-segretario parrocchiale. Non è certamente facile per il Servo di Dio prendere in mano libri di teologia alla sua età, ma la sua determinazione è forte; ogni difficoltà, con l'aiuto delle tante preghiere richieste, viene superata. «*Sto continuando la mia preparazione e più mi avvicino, più sento la responsabilità e, perciò, maggiormente il bisogno di preghiere delle anime buone*». Ammalati, poveri, semplici fedeli pregheranno per lui e tanti chiostri risuoneranno di invocazioni a Dio per assistere questa non giovane vocazione fino alla sua realizzazione.

Il 29 giugno 1973, alle ore 10.30, nel Santuario della Pietra di Bismantova, il Vescovo lo ordina diacono.

Il 7 settembre 1973, alle ore 19.00, nella chiesa di San Giorgio in Sassuolo, viene ordinato Sacerdote. Don Alfonso ha sessantacinque anni. Il giorno seguente, solennità della nascita della Beata Vergine Maria, celebra la sua Prima Messa Solenne nel Santuario della Madonna del Castello a Fiorano.

Sul giornale diocesano che dà ampio rilievo all'avvenimento, si legge: «*Oggi sacerdote in eterno senza aver trascorso come alunno un solo giorno in seminario, senza profondi studi teologici, senza avere uno zio cardinale, ma la cui consacrazione a prete è stata applaudita dalla folla in chiesa come ai bei tempi di Sant'Ambrogio*». In effetti, alla domanda rituale del Vescovo: «*Sapete se ne sia degno?*», un applauso della folla scoppia tra le antiche navate della chiesa in cui per quarantacinque anni era stato sagrestano.

Nel santino ricordo, don Alfonso fa scrivere: «*Ave Maria. La mia anima glorifica il Signore e il mio spirito esulta in Dio mio salvatore*» e più sotto: «*Agli amici tutti, con semplicità e con gioia, dono la mia prima Benedizione. Alfonso Ugolini Sacerdote*».

Lo aspettano altri ventisei anni di vita con la certezza che «*Il Sacerdote è il dono più grande e meraviglioso della bontà del Signore. Quale gioia essere sacerdote!*». Ed è una gioia contagiosa.

Il vescovo Gilberto Baroni ordina sacerdote il diacono don Alfonso.

Don Alfonso celebra la prima Messa solenne al Santuario della Madonna di Fiorano.

Don Alfonso, sacerdote novello, col presbiterio sassolese.

X

IL SACERDOTE

Ministero di gioia

La sua gioia di essere prete nasce da una felicità tutta interiore perché sostenuta da una speranza incrollabile. Il suo dolore e la sua tristezza sono legati solo a fatti contingenti: le tante offese al Signore, le sue tasche vuote quando fruga nella talare per dare qualcosa ai poveri e non trova nulla…

Ed è una gioia incontenibile e dilagante. Le anime inquiete che si avvicinano al suo confessionale riprendono serenamente il cammino, le nebbie dei momenti difficili si dissipano ed esse sono pronte ad accettare tutto come dono dalle mani di Dio. In uno dei pochi articoli scritti da lui per il giornale parrocchiale, don Alfonso neo-sacerdote scrive: «*Io ho avuto dal Signore, con l'intercessione della Vergine Maria, questa meravigliosa grazia, e vorrei comunicare, specie ai giovani, l'immensa gioia che provo quando penso: "Sono Sacerdote, sono Ministro del Signore". Questo pensiero mi accompagna in continuazione, in ogni momento della giornata*».

Da sacerdote sente ancora di più la necessità di parlare del paradiso; i suoi penitenti sono convinti che è in dialogo costante con la Madonna che ama con la tenerezza di un fanciullo. *Andrò a vederla un dì* è il canto che preferisce e che gli dona la certezza e la speranza che infonde nei penitenti e negli ammalati. «*Devi essere il sacerdote di Maria*» gli ha detto il Vescovo nel giorno della sua ordinazione; don Alfonso realizza questo consiglio: da lì nasce il suo ottimismo, nonostante il contatto quotidiano con il peccato del mondo. Scrive: «*Non ho più nulla da desiderare se non il Paradiso…*».

Una delle suore dell'Ordine delle Sorelle Povere di Santa Chiara di Fanano rimane colpita dal suo gesto di gioia quando viene presentato alla comunità: le braccia spalancate davanti alla grata e solo una esclamazione reiterata: «*Sono prete! Sono prete!*». Ed è in questo momento che essa decide, dopo essere stata figlia spirituale di san Padre Pio, di sceglierlo come direttore spirituale perché sente che egli vive di Gesù e per Gesù, proteso verso l'eternità.

Il confessore

Il confessionale che viene destinato al novello sacerdote sessantacinquenne nella chiesa di San Giorgio, è in una posizione per lui strategicamente invidiabile: addossato ad una colonna tra l'altare del Santissimo Sacramento e l'altare dove si venera l'immagine della Madonna delle Grazie. Quando i penitenti, raramente, lo lasciano libero, si può vedere don Alfonso in piedi, come un soldato sull'attenti, con lo sguardo fisso all'uno e all'altro altare. Non si accorge di nulla e nessuno osa interrompere quel colloquio misterioso che lo lega al Cielo.

Questo piccolo vano di legno diventa la sua casa; le ore che passa ogni giorno a dispensare la misericordia di Dio non si contano; a volte, qualcuno sa che, forse, non ha fatto neppure colazione e gli fa portare un caffè che egli sorbisce lentamente, ma senza uscire. Né il caldo estivo né i rigori dell'inverno e neppure la malattia lo tengono lontano da questo che egli ritiene il luogo privilegiato del suo ministero. Anche il giorno prima dell'ultimo ricovero all'ospedale, scende faticosamente le scale e attraversa il sagrato per confessare una penitente.

Alle sue spalle, sono appesi i due piccoli quadri dei suoi santi modello: il Santo Curato d'Ars e san Leopoldo Mandic. Sotto lo sguardo di questi protet-

tori, egli consiglia e assolve; benedice chi passa davanti e gli chiede una benedizione o una preghiera. L'*asperges* è sempre a portata di mano, ci sono medaglie della Madonna e santini che egli distribuisce soprattutto ai bambini.

Al suo confessionale si accostano semplici fedeli, ma anche anime consacrate. Spesso si trovano inginocchiati davanti a questo piccolo prete, privo di ogni titolo accademico, suore, religiosi teologicamente sulla cresta dell'onda, preti e prelati. Essi si affidano alla sua dolcezza, ma anche alla sua fermezza di direttore spirituale e di maestro interiore. La sua autorevolezza gli deriva direttamente da Colui della cui misericordia egli si sente il dispensatore umile e povero.

Come ama il Signore, così ama il penitente che ritorna all'ovile; sono molte le conversioni che avvengono in quell'angolo di chiesa. Tante sono le testimonianze in questo senso.

Un signore che dopo la cresima non si era più accostato al sacramento della Riconciliazione, si rivolge a lui per un consiglio. Si sente rispondere: «*Ti dirò il mio parere dopo che ti sei confessato*», «*Ma io non mi ricordo neppure come si fa*». «*Non preoccuparti: ti aiuterò io*». E comincia a ricordargli ogni mancanza passata, anche le cose più intime e nascoste. Esce trasformato dicendo: «*Mi ha detto tutto*». E lo ripete meravigliato, mentre l'umile confessore lo invita a tornare. Cosa che egli farà.

Qualche penitente si sente dire: «*Per il problema che mi sottoponi, il mio parere è questo, ma aspetta che mi consiglio con chi è più preparato di me*». E sempre, la sua soluzione è valida, ma l'umiltà ha il sopravvento perché don Alfonso la vive e vi è immerso totalmente.

Un frate francescano che lo conosce in quanto per un lungo periodo è stato il suo confessore, afferma che tra lui e il penitente c'è lo Spirito Santo. E don Alfonso è molto devoto al Paraclito. Nel 1989, infatti, quando una penitente lo invita a partecipare ad un incontro del movimento ecclesiale di Rinnovamento nello Spirito, presso l'Istituto San Giuseppe, per ricevere l'effusione dello Spirito Santo, accoglie il suo consiglio. Egli comprende che si tratta di un gesto di umiltà accettare che semplici fedeli impongano le mani e preghino su di lui. I fratelli che lo circondano durante questa preghiera, si sentono folgorati da una gioia improvvisa, cadono in ginocchio intonando il *Magnificat*. Don Alfonso, in piena letizia, esulta umilmente nello Spirito che aleggia sui presenti.

A volte, se ha una richiesta particolare, dice: «*Fa' una novena alla Madonna e ritorna da me alla fine. Troveremo la soluzione*». Quando il penitente ritorna da lui, nonostante siano passati vari giorni e siano state ricevute tantissime persone, si sente dare una risposta precisa e circostanziata: lucidità e memoria si concretizzano fino all'ultima confessione. In altri casi, prega il richiedente di attendere un po' ed esce dal confessionale. Chi lo volesse seguire, si accorgerebbe che don Alfonso si reca in una cappella attigua alla chiesa parrocchiale e si mette in preghiera davanti alla Grotta di Lourdes che vi è riprodotta. Cosa accada tra lui e la Santa Vergine, non è dato sapere, ma coloro ai quali è destinata una risposta, un consiglio o una previsione, testimoniano che tutto è positivo e si avvera. E non è una sola volta che afferma con sicurezza: «*Tra un anno cullerai un bimbo tra le braccia*»; e anche chi è o si ritiene sterile trova la realizzazione del suo desiderio.

Tutti gli riconoscono i doni di scrutare i cuori, del discernimento e del consiglio e persino il carisma della liberazione per togliere pesi enormi e legami dalle coscienze. La sua è una lotta ingaggiata contro il principe delle tenebre, il quale non si lascia vincere senza combattere. Tante sono le testimonianze di suoi confratelli o di persone che hanno passato la notte nella camera contigua alla sua; satana si vendica non solo con rumori, ma anche passando a vie di fatto. Il Servo di Dio, se qualcuno gli fa rilevare magari un ematoma allo zigomo, trova sempre modo di mettere in campo la sua disattenzione.

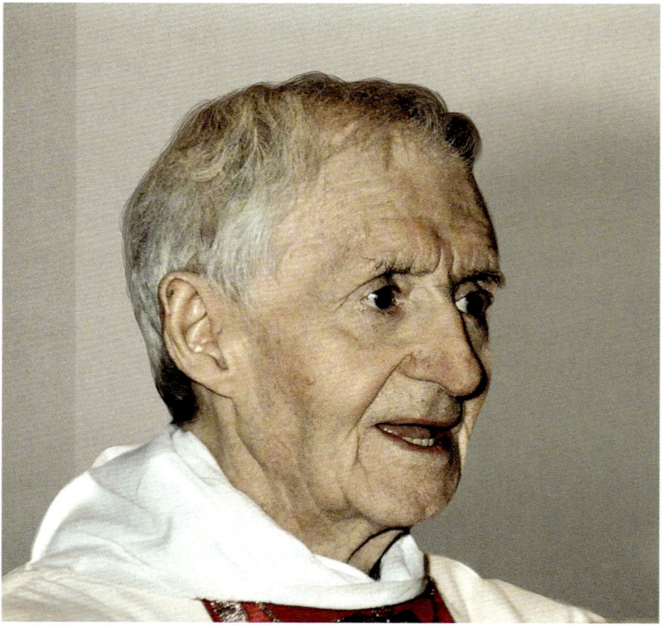

L'omelia quotidiana di don Alfonso.

Il direttore spirituale

Il sacramento della Riconciliazione è il primo passo di un cammino che don Alfonso suggerisce e di cui diventa una guida insostituibile. «*Dobbiamo farci santi... Per la tua anima andrei sulla cima del monte più alto... Se vedessi la tua anima ora che hai ricevuto l'assoluzione, la vedresti piena di luce e più bianca della neve... Gesù bussa cento volte alla tua porta... Va' in pace e comportati bene... Pregherò per te... Torna quando vuoi, anche a mezzanotte, per te ci sono sempre...*» Sono le frasi con le quali saluta il penitente; sembrano espressioni abbastanza comuni, ma il modo con cui le pronuncia, lo sguardo che accompagna queste semplici parole «*... davano una carica tale che mi sentivo pronto ad ogni battaglia...*» come riferisce chi ritornerà sempre da lui per sentire l'amore di Dio sul proprio cammino. L'imposizione delle mani prima dell'assoluzione diventa un gesto che fa provare davvero pace e consolazione.

Anche prima di diventare sacerdote, il dono del consiglio e del discernimento uniti alla sapienza del cuore servono ad Alfonso per condurre al Signore, tramite Maria, tante anime che si affidano a lui; «*Ad Jesum per Mariam*» ripete spesso. E questo itinerario spirituale continua e diventa ancor più fruttuoso dopo la sua ordinazione presbiterale. È un percorso non facile quello che viene suggerito da questo umile *servo del Signore* che sfocia in splendide vocazioni sacerdotali e religiose o nella formazione di piccole chiese domestiche nella santità matrimoniale. È una guida spirituale che trasmette serenità e dona la certezza del perdono; alle anime più fervorose indica la via della contemplazione per giungere alle vette dell'Amore. Le sprona a sentirsi sempre alla presenza del Signore attraverso la preghiera costante e la meditazione della Parola per *«avere un cuore puro e sperimentare il paradiso sulla terra»*.

Un coadiutore della parrocchia, giovane prete incaricato della pastorale giovanile, guarda con ammirazione e forse con una punta di santa invidia, il confessionale di don Alfonso molto spesso affollato di giovani, mentre il suo, proprio di fronte, non è ugualmente frequentato; e, quando cerca di carpire il segreto di questa attrattiva, scopre che la santità di vita e la fede vissuta del Servo di Dio unitamente ai suoi indubitabili carismi sono la potente calamita che attrae il mondo giovanile ai piedi di questo anziano sacerdote.

Chi si allontana dal paese non è abbandonato nel suo cammino spirituale; don Alfonso trova sempre il tempo per continuare a seguire le "*sue anime*" anche in modo epistolare. Tante lettere partono dalla segreteria parrocchiale quando, a notte inoltrata, i momenti liberi possono essere strappati al sonno. Alcune suore di clausura sono in contatto con lui anche telefonicamente. Le migliaia di lettere che giacciono in archivio testimoniano questa sua indefessa attività.

Leggiamo alcune esortazioni rivolte ad un confratello: «*Mi fa piacere sentire che continui a progredire nella tua vita spirituale, ma mi raccomando, il Vangelo dice:"Chi mette mano all'aratro non si volti indietro"... Perdonami se insisto, ma la nostra vocazione è farci santi... Il Tabernacolo deve essere per noi una calamita... La nostra vita deve essere di preghiera. Cristo ha detto:"Pregate, pregate, per non cadere in tentazione"...*».

Sono soprattutto le vocazioni religiose e sacerdotali in crisi che lo spingono ad inviare lettere veramente commoventi. In una di queste, ad una suora, leggiamo: «*Dica a Gesù: "Signore, sai che ti amo e ti ho promesso di amarti in eterno, fa che io non venga meno a questo mio voto, però intorno a me non c'è che buio, ti prego Signore sorreggimi in questo momento di prova..." Le scrivo questa lettera che accompagno con le mie preghiere alla mamma celeste... Avrei voluto scriverla, se fosse possibile, sull'altare del Santissimo, per far vedere a Gesù che le scrivevo, e scrivevo col cuore e da un povero niente come sono io*».

A un sacerdote scrive: «*Ormai penso che tu ti conosca e che conosci le tue debolezze, specialmente in quel campo, perciò sii prevenuto ad evitare tutto ciò che ti potrebbe spingere a cadere… reagisci con le preghiere, la mortificazione, la fuga, per uscire dalla tentazione vittorioso, mai più sconfitto… liberato da questa schiavitù, libero nell'amore del Signore…*».

Nelle frasi accorate che seguono, si coglie la sofferenza profonda del Servo di Dio che si rivolge a un confratello deciso ad abbandonare l'Istituto e il sacerdozio: «*È notte inoltrata e sono alla vigilia della mia ordinazione. In questo momento ho pensato a lei; la prego, mi ascolti* […] *non so quali parole usare per convincerla a ritornare alla casa del Padre Celeste che l'attende a braccia aperte* […] *Gli anni di questa vita passano presto e, quando sarà la fine, sarà pentito di avere ritirato al Signore ciò che solennemente gli aveva promesso, di avere tradito la propria coscienza, di avere sciupato quei doni preziosi che il Signore per la sua infinita bontà le aveva concesso, preferendola ad altri* […] *Nel giorno della mia prima Santa Messa mi faccia questo regalo* […] *Le ho scritto tutto questo perché le voglio bene e perché la ritengo un mio fratello e doppiamente fratello…*». A questa, faranno seguito altre lettere; in una leggiamo: «*Ti supplico col cuore in mano: ascoltami! Ho scritto ad un sacerdote che ha fatto il passo che vuoi fare tu e mi ha risposto*

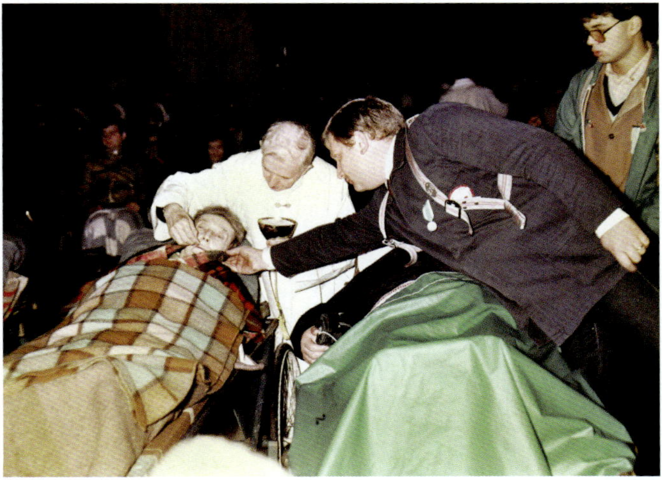

Don Alfonso nella "Giornata dell'ammalato".

"Troppo tardi!" e adesso sta pagando a caro prezzo questa scelta penosa e dolorosa [...] *L'ultima volta che mi ha scritto, strappava il cuore!*».

Tante altre missive partono dal suo cuore più che dalla sua penna.

Come riesce a trovare il tempo di scrivere queste lettere, rimane almeno parzialmente un mistero; di giorno, infatti, la segreteria parrocchiale, l'UNITALSI e il FAC sono sempre molto dinamici ed efficienti e le attività di questo esile sacerdote si moltiplicano. Tra l'altro, l'assistenza agli ammalati lo occupa almeno due o tre ore al giorno.

Benedizione agli infermi.

Visitare gli infermi

Da sacerdote, il Servo di Dio continua l'opera iniziata da laico. «*L'ammalato è colui che, nella sua fragilità, ha più necessità di aiuto, assistenza e conforto*». Quante volte don Alfonso ripete queste parole agli aderenti all'UNITALSI e aggiunge: «*Loro sono i nostri fratelli più cari, la nostra gioia, il nostro prossimo sulla strada che da Gerico sale a Gerusalemme*». E per primo ne dà l'esempio non solo durante i pellegrinaggi o nelle varie ricorrenze annuali della "Festa degli ammalati", ma ogni giorno dedica parecchio tempo alla visita degli infermi nelle loro case e nelle cliniche. Non ha la patente di guida, ma c'è sempre qualcuno che gli dona parte del pomeriggio e lo accompagna. Con sé porta il Pane Eucaristico, confessa, benedice, consola e rasserena.

In un'intervista egli dichiara al giornalista: «*Vede, quando io sto fra i poveri, fra i sofferenti, fra i derelitti, fra coloro che hanno bisogno di tutto, io sto bene, mi sento a mio agio*». Tanti ammalati testimoniano che l'incontro settimanale con don Alfonso è come trovare un'oasi nel deserto della sofferenza. Una signora che, per vari anni, lo porta a compiere questo quotidiano atto di carità si stupisce per la sua forza di volontà e per il vigore che lo spingono, ben oltre gli ottanta anni, a salire fino al quarto piano, senza ascensore, con la velocità di un giovanotto.

I parenti degli ammalati chiedono al Servo di Dio di portare i conforti religiosi, non solo a casa, ma anche in ospedale quando il congiunto è ricoverato; a volte, nessuno lo cerca per questo apostolato, ma egli viene a sapere, per vie talora misteriose, che c'è un infermo in gravi condizioni che non accetta la visita del sacerdote e rifiuta i sacramenti. In quest'ultimo caso, apre una catena di preghiere presso i conventi e i monasteri, specialmente di clausura, dove è guida spirituale di qualche monaca, e lui stesso si impegna con sacrifici e anche digiuni per giungere allo scopo. Le conversioni anche all'ultimo istante non mancano.

Nei casi più difficili, quando la conversione è respinta persino con durezza, si affida alla sua "Madonnina" e ottiene il miracolo sperato e sofferto. Don Alfonso stesso racconta che, una sera, viene chiamato al capezzale di un morente che non acconsente neppure ad una benedizione e rifiuta con ostinazione ogni conforto religioso. Il Servo di Dio non accetta questa sconfitta; se ne va, ma, prima di partire, fa scivolare furtivamente una medaglia della Madonna Miracolosa sotto il cuscino dell'infermo. Lo richiamano verso mezzanotte con urgenza: l'ammalato vuole confessarsi; riceve il Santo Viatico e l'Unzione degli infermi. La morte giunge nella notte. È talmente felice di questo trionfo della Santa Vergine che vince la sua abituale riservatezza e comunica il fatto ai confratelli appena giunto in canonica.

Lo aspetta un altro giorno in confessionale, in segreteria, nelle case e negli ospedali.

Il teologo della semplicità

Diventa sacerdote, dunque, per volontà del Vescovo, ma, come afferma don Alfonso, soprattutto per l'intercessione della Madonna «*Sapevo che era buona, ma così...*». A questo traguardo non sono estranee neppure le preghiere di sua sorella Suor Fedele che, pur sapendo che il fratello è privo di qualsiasi riconoscimento scolastico, continua a pregare per questo scopo per tutta la sua breve vita e sicuramente prosegue anche nell'aldilà. Una cosa è certa: non è prete per meriti accademici.

Ci si aspetterebbe, quindi, una omiletica modesta e priva di collegamenti scritturali profondi; lo Spirito Santo, invece, si prende gioco dei sapienti e comunica ai piccoli e ai deboli la sua potenza arricchendoli di carismi negati, molto spesso, alla teologia legata solo alla razionalità e lontana dalla mistica.

La Chiesa, dalle sue parole semplici e prive di riferimenti linguistici ebraici e greci, appare ancora come la casa sulla roccia della verità. In un tempo postconciliare in cui tanti preti e anche vescovi danno l'impressione di essere persone che cercano e non uomini di certezza, questo piccolo e umile prete riesce a convertire. Nessuno, infatti, trova razionale convertirsi passando da un dubbio ad un altro dubbio; la gente crede alle parole ferme e sicure di don

Alfonso e fa una nuova scelta non per discutere, ma per credere, per scommettere, come invitava Pascal, senza alcuna esitazione sul Cristo che ama e salva.

«*Se viviamo in grazia di Dio, Gesù non sta con noi solo pochi minuti dopo che lo abbiamo ricevuto nella S. Comunione, ma è sempre con noi. L'ha detto Lui:"Se qualcuno mi ama, io e il Padre mio verremo in lui e faremo dimora in lui". Il nostro cuore diventa un calice dove c'è il Corpo e il sangue di Cristo, diventa un tabernacolo; e se viviamo in grazia di Dio, ovunque siamo, siamo con Lui e possiamo dire come s. Paolo: "Non son più io che vivo, ma è Cristo che vive in me… io dormo, ma il mio cuore veglia con Cristo… ". Se noi vivessimo così, dal nostro viso trasparirebbe l'immagine di quel Gesù che abbiamo nel cuore. La gente dovrebbe capire che siamo diversi dagli altri e dovrebbe vedere in noi la mitezza di Gesù, la sua umiltà, la carità, la dolcezza, la pazienza, l'abbandono totale alla volontà del Padre*».

«*Quando siamo col Signore, siamo sicuri, tranquilli, sereni e abbiamo tutto* […] *Alla fine conterà aver creduto, aver vissuto nella carità, nella bontà, abbandonati all'amore e alla volontà di Dio, sotto la protezione della Madonna che intercede per noi presso il suo Gesù, che a Lei non dice mai di no…*».

Il Dio di Abramo, di Isacco e di Giacobbe, non dei filosofi e dei sapienti, come direbbe Pascal, è certamente misericordioso, ma la sua misericordia non è disgiunta dalla giustizia, come parrebbe dalle parole e dagli scritti di vari uomini di chiesa. Sembra che le cose ultime, morte, giudizio, paradiso, purgatorio, inferno, facciano paura e che debbano essere esorcizzate nell'oblio. Don Alfonso ricorda che Gesù, invece, ha parlato spesso della terribile possibilità che è data all'uomo di scegliere, in nome della sua libertà, anche di dannarsi e lo afferma senza esitazioni.

«Pensate a quei fratelli che sono lontani da Dio e che vivono nel peccato; noi dobbiamo pregare anche per questi perché ascoltino la voce del Signore che li chiama alla conversione. Quando la Madonna appariva a Fatima, faceva vedere ai pastorelli quanti andavano all'inferno perché nessuno pregava per loro... Sant'Agostino diceva: "Chi salva un'anima, ha messo al sicuro la sua."»; «Nulla di macchiato entra in Cielo...».

Don Alfonso conosce bene i limiti della sua mancata formazione scolastica e, quando parla ai fedeli, si prepara accuratamente; ne sono testimonianza le centinaia di testi di omiletica che fanno parte delle sue consultazioni. Sa, però, che solo dall'alto possono venire quelle espressioni che toccano il cuore e che portano a conoscere Dio non attraverso i filtri e le ombre della

Uno "scherzo" del vescovo Paolo Gibertini.

Catechesi nel "santuario" della Medaglia Miracolosa di San Polo.

ragione, ma quasi per contatto diretto. Ecco allora che: «*Qui al mio posto ci vorrebbe un angelo a parlare della Madonna...*»; «*O Vergine Immacolata, venite qui vicino a me a parlare a me di Gesù e di me a Gesù...*».

Il Servo di Dio non è un tradizionalista chiuso nella sua torre d'avorio e neppure un progressista che dissolve la fede nel luoghi comuni della sociologia; egli annuncia l'eterno e il trascendente. Per lui il dialogo con le ideologie secolarizzate del mondo o con la falsità di altre strade non è assolutamente possibile: uno solo è colui che salva e che, con la sua morte e resurrezione, ci ha aperto, come unico interlocutore, la strada verso il Padre. È Lui che ha istituito la Chiesa a cui apparteniamo nella quale si trova la pienezza della salvezza. Ecco perché la sua insistenza nel chiedere amore e ubbidienza al Papa, al vescovo e al parroco che lo rappresenta nella chiesa locale.

Dalle sue parole si impara che il cristianesimo deve avere ancora il buon sapore del sale, deve essere lievito e conservare l'aspetto di scandalo nei confronti del mondo, insomma un Vangelo senza sconti perché: «*Il Vangelo è una scuola Noi dovremmo impegnarci ad essere diplomati e laureati nella grazia di Dio, nella vita vissuta secondo i suoi insegnamenti* [...]. *Quello che conta davvero nella vita è fare la volontà di Dio e farci santi. Tutto il resto, alla fine, non conta niente, niente!*».

E tutto il resto?

Ci si chiede come un “giovane” sacerdote, ordinato a sessantacinque anni, di fragile costituzione, possa reggere per ventisei anni ad un ritmo così incalzante di attività; si potrebbe pensare che abbandoni qualche impegno che aveva da laico, su fronti che non concernono direttamente il ministero sacerdotale. Non è affatto così.

Don Alfonso si circonda di una schiera di giovani, specialmente ragazze, che lo sollevano da una serie di attività per lo più pratiche e che lo aiutano in ogni suo compito. Educate alla carità e all'altruismo, sono tutte volontarie: ricevono molti bisognosi, svolgono il lavoro di segreteria e quant'altro; il tutto sotto la direzione di questo sacerdote, esigente, ma sempre sorridente, grato e riconoscente.

Continua l'opera di aiuto agli immigrati, ai disoccupati e ai bisognosi. Alcuni imprenditori cattolici si fidano talmente di don Alfonso che accettano a occhi chiusi ogni sua referenza.

I benefattori, specialmente nell'Italia del “boom” economico, non mancano: conoscono la sua generosità e sanno che le sue mani e le sue tasche sono bucate; fiumi di denaro passano per le sue mani, nulla si ferma. Tradotti in euro, gli aiuti in denaro che il Servo di Dio distribuisce, ammontano a svariati milioni: bollette di elettricità, acqua e gas, affitti e ristrutturazioni, buoni mensa, rette per anziani, spese mediche e ospedaliere, vacanze per i bimbi poveri, buoni spesa… Anche i confratelli, che sono nella necessità, ricorrono a lui, persino i Superiori del suo Istituto. La destra non sa quello che fa la sinistra: il segreto è gelosamente conservato. Non si creda che questa sua generosità sia priva di maldicenze e non provochi amarezze; don Alfonso non si difende, non replica e, come nessuno lo ha mai sentito parlar male di una persona, così, anche in queste circostanze, liquida tutto con un sorriso.

25° anniversario dell'ordinazione sacerdotale. Con i confratelli dei Servi della Chiesa.

A volte, i casi che gli capitano sono molto gravi e di difficile risoluzione; non si scoraggia mai. Nessun medico, nel raggio di centinaia di chilometri vuole azzardarsi a operare chirurgicamente una signora affetta da gravissimi disturbi cardiaci. Prende il telefono e lui, che era allora solo uno sconosciuto segretario parrocchiale, ottiene di parlare con il luminare della scienza chirurgica prof. Pietro Valdoni, che aveva salvato la vita a Palmiro Togliatti e che sarà chiamato ad operare papa Paolo VI. Il tenore della telefonata ci è ignoto, ma sappiamo che si conclude con queste parole del professore: «Fra quindici giorni me la mandi a Roma. L'intervento sarà fatto gratuitamente». L'ammalata è sbalordita. Le spese del viaggio sono sostenute dal FAC parrocchiale. Il resto è a carico di chi, dall'alto, ha aiutato Alfonso.

Per tutta la vita si presentano situazioni e casi difficili: il Servo di Dio non possiede nulla, eppure le banche si fidano delle sue tasche vuote e accettano le sue cambiali; non ha un'automobile, eppure gli regalano migliaia di chilometri, compreso l'autista; chiede e anche i più taccagni aprono la borsa per lui; alla sera, i collaboratori lo guardano sgomenti perché le casse sono vuote e, al mattino, c'è sempre un assegno fresco a risolvere i problemi. E, cosa che meraviglia maggiormente, chi ringrazia per primo è colui che ha offerto. Sul giornale diocesano si legge: «Il miracolo si ripete grazie a quei tre soldi di cacio di uomo che sta seduto dietro una vecchia scrivania della canonica di Sassuolo».

Don Alfonso tra i vescovi mons. Gilberto Baroni e mons. Paolo Gibertini.

XI

STRUMENTO DEL SIGNORE

Don Alfonso si affida completamente al Signore e cerca, attraverso l'imitazione di Lui, di essere realtà d'amore per gli altri; si sente indegnamente destinato alla gloria di quel Regno in cui comincia a vivere su questa terra come docile strumento di Dio.

Non possiede una vita privata propria così come non ha nulla di suo tanto che nel testamento dispone che sia dato in dono quel po' che verrà trovato ancora in suo possesso. Un'esistenza così vissuta, per alcuni è totalmente sprecata; non mancano, infatti, critiche al suo modo di agire e di comportarsi. Come nessuno lo sente esprimere anche solo opinioni dubbie su altri, così nessuno lo sente dire una parola in sua difesa quando la maldicenza lo colpisce. Al contrario, diventa un leone quando c'è da tutelare l'onore calpestato di vittime di giudizi malevoli. Si nota in lui un'intima sofferenza quando sente critiche alla Chiesa, al Papa, al vescovo o ai suoi confratelli sacerdoti. Il prete è colui che consacra, assolve ed è la mano della misericordia di Dio sulla terra; può essere anche indegno nell'esercizio del suo ministero, ma per lui si deve solo pregare. Le lettere che scrive ai sacerdoti che hanno intenzione di gettare la tonaca alle ortiche grondano lacrime.

«Ti ricordo e ti penso con cuore addolorato e in pena per la tua situazione [...] *sei ancora in tempo... se le cose dovessero andare male, non avrò che da piangere sopra un calice vuoto...»*: così scrive ad un confratello per distoglierlo dai suoi propositi.

Sono gli anni del post Concilio Vaticano II e decine di migliaia di sacerdoti, religiosi e religiose sembrano contagiati da una sorta di virus che nasce anche da un'errata interpretazione delle decisioni conciliari, da una delusione e sconforto che portano alla rinuncia alla vocazione.

«Facesti dono di tutto te stesso e adesso stai ritirando quello che avevi donato con tanta generosità...». Sono parole indirizzate ad un altro confratello in crisi vocazionale.

Anche chi mette in dubbio la validità delle decisioni conciliari e medita una sorta di scisma nella Chiesa come mons. Marcel Lefebvre, riceve una sua parola di conforto e di fiducia nella misericordia del Padre: *«Io scrivere a un vescovo, io che sono un povero prete e forse l'ultimo del mondo? Poi mi sono fatto coraggio e ho detto: "In nome di Cristo, Le scrivo con tutto l'affetto del mio cuore"* [...] *Eccellenza, chissà che la voce di questo povero prete non sia l'ultimo richiamo del Signore* [...] *mi sono preso a cuore la sua causa e ho cominciato a pre-*

Concelebrazione con il cardinale Camillo Ruini e il parroco mons. Romano Baisi.

gare [...] *Le sarò sempre vicino* [...] *E davanti al Tabernacolo e ai piedi della Madre di Gesù dirò più volte come diceva Santa Gemma Galgani: "Signore, non mi stancherò di supplicarti finché Tu non mi abbia concesso la grazia"...*». E lo invita all'obbedienza al Santo Padre, successore di Pietro e Vicario di Cristo sulla terra.

Da giovane sagrestano aveva scritto: «*Pronta obbedienza a tutti i superiori*». Ed è un esempio di fedeltà a questo proposito.

Come strumento del Signore vive l'esercizio eroico delle virtù e l'osservanza completa dei consigli evangelici: una vita straordinaria vissuta nell'ordinario.

Don Alfonso in preghiera presso la piccola Grotta di Lourdes.

Leggiamo in uno dei rari scritti autobiografici composto dieci anni dopo la sua ordinazione:

«*La mia preoccupazione è di essere sempre a disposizione di tutti, senza eccezione, per il bene e la santificazione delle anime. Ogni sera sono felice, dopo aver trascorso la mia giornata confessando molte ore, celebrando la S. Messa, visitando gli ammalati, incontrando i tanti fratelli che il Signore ha messo sulla mia strada, perché io li aiuti a risolvere i loro più disparati problemi. Ringrazio il buon Dio che mi soccorre in ogni momento; per tutti c'è una parola di conforto, un aiuto morale, spirituale o materiale*».

Ventisei anni di vita sacerdotale spesa così: nella sua chiesa, nel suo confessionale, nella sua parrocchia. E il riposo? Le ferie, rare e brevi, sono usufruite solo per obbedienza al parroco; anche quelle, però, impiegate a livello pastorale: accompagnamento degli anziani, assistenza alla *Colonia Montana Santa Maria*, pellegrinaggi con ammalati. Infatti scrive: «*Il mio impegno è sempre volto a ciò che mi disse il Vescovo durante l'ordinazione: "Imita ciò che tratti!". Questa è una meta alla quale devo fissare sempre il mio sguardo; è un programma da attuare giorno per giorno, per arrivare a quella santità alla quale in particolare, come dice la Scrittura, è chiamato il Sacerdote: "Siate santi, voi che trattate cose sante!"...*».

Don Alfonso e don Erio in preghiera.

La cameretta di don Alfonso.

XII

IL CAMMINO IN SALITA

Varcare la soglia degli ottantacinque anni per don Alfonso che, tutto sommato, aveva vissuto accettabilmente a livello di salute, segna un traguardo, ma anche il momento in cui il percorso di vita si fa più faticoso. Fisicamente è sempre stato gracile e debole; soffre da sempre di ipotonia gastrica e, per questo, mangia pochissimo, forse perché somatizza la miriade di problemi spirituali e materiali in cui è immerso. Già si è detto della sua guarigione miracolosa; ma, anche se, ad ogni controllo radiologico presenta esiti specifici sospetti di tubercolosi polmonare apicale, ciò non influisce in alcun modo sulle sue attività.

Cominciano ora i primi scompensi cardiaci che lo porteranno, un anno prima della morte, all'impianto di un *pacemaker* che non risolverà quasi nulla; nel quadro del suo indebolimento generale, soffre anche di un'acne rosacea che lo accompagnerà fino alla fine. È un periodo denso di controlli medici, di analisi e di accertamenti.

Ciò che lo angustia maggiormente è quello che lui chiama "*le miserie*" del corpo: le necessità legate al fisico e l'impossibilità di conservare totalmente il comportamento estremamente pudico che ha mantenuto sin dall'infanzia. I medici che lo visitano, però, si rendono conto che il suo è un pudore da santo: una sublimazione della sua integrità non solo di cuore, ma anche di fisico. Questa aspirazione alla purezza angelica non toglie nulla alla franchezza nel rapportarsi con le persone di altro sesso e alla sincerità e schiettezza dei suoi consigli di confessore e direttore spirituale.

Nonostante il crollo progressivo del suo fisico, il "*lavoro*" per la salvezza delle anime procede costantemente anche se con una minore intensità. Dedica molto tempo alla preghiera, le sue soste davanti alla grotta di Lourdes si fanno più lunghe e frequenti e, a volte, a chi lo scorge, sembra sia in colloquio con una presenza spirituale che interloquisce. Viene dunque naturale chiedergli se vede la Madonna; il Servo di Dio, a chi lo interroga in proposito, risponde con un sorriso: «*Non ne sono degno; sono solo un pugno di polvere*».

Inizia il periodo doloroso degli ultimi passi verso il suo Calvario. Di giorno, rimane sempre più in canonica e accoglie con gratitudine chi gli fa visita e anche chi, anziché recargli conforto, gli depone il carico dei suoi peccati e dei suoi problemi. La sua mano è sempre più stanca nell'assolvere, le sue parole si fanno più lente, la sua voce diventa un soffio, ma lo sguardo conserva intatta la luce del suo intimo.

Duomo di San Giorgio: il campanile.

Di notte accusa stati ansiosi, palpitazioni e difficoltà respiratorie; il medico, che è una signora cresciuta tra le sue collaboratrici, per vari mesi è presente in una camera attigua; il parroco e gli altri sacerdoti gli fanno visita e pregano insieme fino alle ore piccole. Don Erio, il viceparroco a cui don Alfonso è unito da vincoli fraterni, continua, come fa da decenni, a celebrare con lui la liturgia delle ore, attendendo pazientemente la fine delle pause che si fanno sempre più lunghe.

Da vari mesi non riesce più a far visita agli ammalati, ma la presenza nel "*luogo del suo riposo*", cioè il confessionale, è tenace a tal punto che persino due giorni prima della sua morte scende in chiesa per confessare. Don Romano, il parroco, lo sgrida bonariamente per questa sua imprudenza e, come risposta, ottiene uno stanco sorriso.

Nelle notte di sabato 23 ottobre 1999, il quadro clinico peggiora. La domenica, il medico, dopo un consulto, lo vorrebbe ricoverare all'ospedale per una sospetta ischemia cerebrale. Don Alfonso insiste per rimanere a casa: forse spera nell'ultimo miracolo di poter scendere a celebrare la Santa Messa. Nel tardo pomeriggio, il peggioramento si evidenzia maggiormente. Prima di chiamare l'ambulanza, il parroco parla con tutta sincerità al Servo di Dio descrivendogli senza finzioni il suo stato di salute e gli chiede se vuole l'Unzione degli infermi. Calmo e sereno, alla presenza di altri due confratelli e di tre sue volontarie, riceve il sacramento amministrato dal parroco. La via dell'ospedale è aperta.

Viene confermata la diagnosi di ischemia a cui si aggiungono l'insufficienza cardiaca e respiratoria. Il lunedì è vegliato ed assistito dalle sue volontarie che si alternano al suo capezzale con quella dedizione con cui lo hanno sempre aiutato. I confratelli gli fanno visita e i medici e gli infermieri devono allontanare i tanti che cercano almeno di poterlo vedere. La notizia si sparge velocemente e le preghiere per don Alfonso si innalzano ovunque.

Verso sera, riconosce ancora le persone, ma non parla più. Rimangono al suo capezzale la sua segretaria e una delle tante collaboratrici e recitano il Santo Rosario. Il Servo di Dio sembra voglia parlare, ma non riesce; finito il *Salve Regina*, gli esce una lacrima e spira.

Sono le ore 21.54 del 25 ottobre 1999. Don Alfonso va incontro al suo Signore come san Leopoldo Mandic al termine del *Salve Regina* e a 91 anni come il suo protettore sant'Alfonso Maria de' Liguori.

Le campane non suonano a morto, ma a festa: il popolo di Dio sa di avere un amico in più in Cielo accanto al cuore di Gesù e di Maria.

XIII

DOPO L'ULTIMO *SALVE REGINA*

È ancora notte quando si comincia a preparare la chiesa di San Giorgio per accogliere le spoglie mortali di don Alfonso. L'11 ottobre, infatti, con grande gioia del Servo di Dio, erano state allestite le impalcature per il restauro della chiesa che egli amava tanto; ora, si smontano in fretta. La salma viene posta prima nella cappella del Carandino, poi nella chiesa parrocchiale. Per due giorni una folla di fedeli sfila silenziosa davanti alla bara che lascia intravedere il volto del defunto: pregano, piangono, ringraziano e invocano con compostezza e commozione.

Telegrammi giungono da ogni parte. Il Consiglio Comunale pubblica in un comunicato la sua partecipazione al lutto che colpisce tutta la città; il gonfalone comunale sarà presente alla cerimonia funebre e le parole che il Sindaco pronuncia, esprimono il pensiero di tutti i cittadini: «Si era identificato con la città ed era amato ed ammirato da credenti e non credenti. Era la semplicità, quella più autentica, profonda e vera. Quella descritta nelle 'Beatitudini'...».

Giovedì 28 ottobre, si celebrano i funerali del Servo di Dio. Presiede la celebrazione il vescovo ordinario del luogo mons. Adriano Caprioli. La chiesa non può contenere il popolo di Dio che vuole rendere omaggio al suo "santo" come già molti lo reclamano; la folla deborda sul sagrato e nella piazza. Un lungo corteo si snoda poi per le strade di Sassuolo accompagnando con canti, gonfaloni e bandiere il "giovane" prete novantunenne al cimitero di san Prospero, dove dormono, in attesa della resurrezione, tutti i parroci che lo hanno preceduto, aiutato e amato: don Giuseppe Zanichelli, don Zelindo Pellati e don Ercole Magnani.

Nella Santa Messa di trigesimo, il vescovo Luciano Monari afferma: «È stato un dono immenso del Signore… un uomo grande e la sua grandezza veniva da quell'incontro che aveva fatto con Lui». Il parroco, don Romano Baisi, aggiunge: «Per noi preti era il punto di riferimento, amico e padre, insomma il cuore della nostra fraternità sacerdotale…".

Padre Arcangelo Panciroli, che per trent'anni è stato il suo confessore, senza esitazione riconosce che: «*Viveva nel mondo, ma non era del mondo; viveva nell'aldilà… sempre immerso nell'Amore di Dio…*».

La settimana successiva, a Radio Maria durante la "serata sacerdotale", padre Giovanni Battista Colusso fa una commemorazione del Servo di Dio proponendolo come esempio di santità feriale a tutti i sacerdoti.

I giornali locali, di qualsiasi tendenza, commemorano la dipartita di don Alfonso con parole che esaltano la sua fedeltà al Vangelo, alla Chiesa e a tutti quelli che il Signore gli ha fatto incontrare e amare come suo prossimo.

XIV

"LA GENTE DI FRONTE ALLA SANTITÀ CREDE, SI INGINOCCHIA E PREGA"

Sono parole del cardinale Schuster, che titolano questo capitolo, citate dal Vescovo di Reggio Emilia nella presentazione della prima biografia di don Alfonso, scritta ad appena un anno dalla sua morte, dal titolo *Don Alfonso, gioia e vittoria della carità*. Non può essere che don Erio Bertolotti il biografo; per trentaquattro anni confidente e amico del Servo di Dio, con lui ha pregato, vissuto gomito a gomito e lo ha conosciuto prima da sagrestano-segretario, poi da confratello sacerdote. Il Presidente della CEI, il card. Camillo Ruini, per lunghi anni parrocchiano di San Giorgio, introduce la biografia definendo don Alfonso «*Un testimone di Cristo che non si può dimenticare*».

Passano pochi anni e si ritiene necessaria un'altra biografia, meno corposa e più adatta alla divulgazione; il titolo esprime un cammino evolutivo verso una migliore definizione della sua santità: *Don Alfonso, sorgente e luce di speranza*. Don Erio compone questo agile volumetto che vede in pochi anni una serie infinita di ristampe.

Il confessionale, da cui don Alfonso aveva sparso a piene mani la misericordia del Signore, è meta di frequentazione continua: una preghiera e una carezza a quel legno a cui egli aveva appoggiato le mani prima di alzarle per benedire e assolvere. I poveri continuano a domandare in suo nome quanto egli, da vivo, aveva sempre donato. Gli ammalati si raccomandano alla sua protezione e lo ritengono capace di intercedere grazie presso il Signore e la sua Mamma Santissima.

Le segnalazioni di grazie e di eventi straordinari si moltiplicano; quasi quotidianamente giungono testimonianze afferenti "il prete della carità", "il confessore", il "direttore spirituale", il "padre dei bisognosi". Attestati, documentazioni e prove sono raccolti e catalogati in vista dell'apertura di un auspicato processo diocesano in merito alla pratica eroica delle virtù da parte di don Ugolini.

Il Resto del Carlino, La Gazzetta di Modena, La Libertà, settimanale diocesano, e varia altra stampa telematica tengono desta la memoria del Servo di Dio, specialmente il 25 ottobre di ogni anno quando si celebra la Santa Messa di anniversario della sua morte; si comincia, prima ancora di poter iniziare il Processo Diocesano, a pubblicare articoli dai titoli significativi: "*Beatifichiamo don Ugolini*", "*Vogliamo beato don Alfonsino*", "*A Sassuolo si punta sulla beatificazione di don Ugolini*". Si dà anche la notizia che è iniziata una raccolta di firme, da presentare al Vescovo, per la costituzione di un comitato "per la beatificazione e canonizzazione di don Alfonso". Migliaia di fedeli rispondono all'appello e tra le firme si distinguono quelle di numerosi prelati, sacerdoti, autorità amministrative e civili.

Il 25 ottobre 2007, al termine della Santa Messa celebrata a suffragio dell'anima del Servo di Dio, nasce il *Comitato Amici di don Alfonso* che sarà giuridicamente costituito due anni dopo, come prescrive la normativa ecclesiastica, presso un notaio della Repubblica Italiana. Il Vescovo di Reggio Emilia lo riconosce quale interlocutore e attore nella futura Causa di Beatificazione e Canonizzazione. Ne fanno parte, a nome di tantissimi, solo alcuni di coloro che hanno conosciuto, stimato e amato questo santo sacerdote; il Presidente è il parroco don Romano Baisi.

In occasione del centenario della nascita del Servo di Dio, il Municipio pensa di intitolargli una strada e, nell'attesa di questa realizzazione, gli viene dedicato il Centro di solidarietà gestito dal Comune, dalla Croce Rossa e dalla Charitas. Radio Maria, per due giovedì consecutivi, dedica una trasmissione, a cura di don Erio, alla vita e all'attività di don Alfonso. Si inaugura anche una mostra biografica in dodici pannelli con fotografie e didascalie.

Nel 2009, il *Comitato Amici di don Alfonso* nomina postulatrice della Causa la dott.ssa Francesca

Apertura del Processo Diocesano di Beatificazione e Canonizzazione.

Consegna degli atti processuali alla Congregazione dei Santi a Roma.

Consolini; espletate le numerose formalità richieste dalla Congregazione dei Santi, il 4 novembre 2010, si tiene la prima sessione del "Tribunale Diocesano per la Causa di Beatificazione e Canonizzazione del Servo di Dio don Alfonso Ugolini", presieduta dal vescovo mons. Adriano Caprioli, nella chiesa parrocchiale di San Giorgio. Il rilievo dato all'avvenimento dai giornali è pari alla folla enorme che gremisce la chiesa e il sagrato antistante; anche il Sindaco è presente con il gonfalone comunale.

La sede del Tribunale è presso il Seminario di Reggio E. e l'inchiesta si svolge a tempo di *record*: 72 sessioni in soli 12 mesi. L'8 dicembre 2011, solennità dell'Immacolata Concezione, alla presenza di vari vescovi, si chiude solennemente l'*iter* processuale nella stessa chiesa in cui si era aperto. Gli atti processuali sono sigillati e consegnati ufficialmente alla Cancelleria della Curia di Reggio Emilia e alla Congregazione dei Santi a Roma.

Il 5 maggio 2012, a Roma, presente una numerosa rappresentanza di sassolesi, si svolge la cerimonia della dissigillazione dei plichi contenenti gli atti processuali della Causa. Il primo passo della fase romana del Processo di Beatificazione e Canonizzazione del Servo di Dio don Alfonso Ugolini si ha con il decreto di validità emesso il 3 maggio 2013. Il Comitato nomina postulatrice romana la dott.ssa

Dissigillazione dei plichi processuali presso l'aula dei Congressi alla Congregazione dei Santi a Roma.

Francesca Consolini e la Congregazione dei Santi nomina Relatore della Causa il Rev.mo padre Alfredo Simòn osb.

Don Alfonso è sepolto nella cappella del presbiterio sassolese presso il monumentale cimitero settecentesco di san Prospero. La chiesa, dove è ubicata questa cappella, rimane aperta pochissimi giorni ogni anno; alcuni fedeli sono costretti a sostare in preghiera accanto alla porta chiusa. È quindi necessario venire incontro al desiderio del popolo che desidera avere vicino anche le spoglie mortali dell'amato sacerdote. Ostacoli che sembrano insormontabili a livello tecnico, amministrativo e burocratico, sono superati in un arco di tempo abbastanza lungo; finalmente, il 7 settembre 2015, XLII anniversario della sua ordinazione presbiterale, alla presenza del Vicario Generale della diocesi e dei membri del Tribunale, si attua, privatamente come richiede il canone, la traslazione della salma del Servo di Dio. Il giorno seguente, la Santa Messa di ringraziamento è partecipata da una moltitudine di devoti che intendono esprimere la loro gratitudine perché «Don Alfonso è tornato a casa».

Le spoglie del Servo di Dio, ora, riposano presso l'antica cappella del Carandino a due passi dalla sua chiesa di San Giorgio. La tomba, semplicissima come l'avrebbe voluta lui, è costituita da un loculo sovrastato da una lastra di marmo con l'unica iscrizione "SERVO DI DIO DON ALFONSO UGOLINI SACERDOTE 1908-1999". Più sopra, campeggia il suo motto "AVE MARIA". È posta ai piedi della Grotta di Lourdes, sotto il manto della Madre celeste che aveva tanto invocato e nella quale aveva trovato l'amore materno di cui era stato privato troppo presto.

Abbiamo scritto "riposa"; non è vero. Non lo aveva mai fatto da vivo, ora, a giudicare dalle testimonianze di affetto e di riconoscenza, "lavora" ancora di più di quando era in vita; la "Madonnina", che è a due passi da lui, ascolta le sue suppliche e intercede presso il Signore della vita.

AVE MARIA
SERVO DI DIO DON ALFONSO UGOLINI SACERDOTE 1908-1999

XV

FAMA DI SANTITÀ

La “devozione” verso il Servo di Dio continua e si accresce di giorno in giorno. La sua intercessione è richiesta per necessità materiali e spirituali; in due registri, posti uno presso il suo confessionale e l’altro accanto alla sua tomba, sono contenute attestazioni di guarigione, di soluzioni di problemi attinenti il lavoro, di protezione acclarata in momenti difficili, tutela e salvaguardia della famiglia e soprattutto il riconoscimento di numerose conversioni. E la fama di santità si espande non solo in Italia: numerose richieste di documentazione e reliquie giungono anche da Paesi lontani. Coloro che, quando il Servo di Dio era ancora in vita, avevano tenuto segreti certi episodi, ora li rivelano apertamente.

È il caso di una signora trasferita per lavoro a Sassuolo da una regione dell’Italia del Sud. Lontana dai suoi cari e dal suo paese, trova in don Alfonso non solo il confessore, ma anche colui che la sostiene, la rincuora e l’incoraggia a superare i tanti problemi causati dal trasferimento. Dopo qualche anno, essa confida al suo direttore spirituale di aver avuto una diagnosi medica infausta; si tratta di un tumore che deve essere immediatamente operato. Nella sua regione d’origine, lo specialista l’attende per l’intervento. Don Alfonso la benedice e le assicura che le sarà vicino con la preghiera. E questa vicinanza, dal racconto dell'interessata, non sarà solo spirituale. Lo vedrà infatti vicino a casa la sera prima dell'intervento e poi, il giorno successivo, in sala operatoria. Il Servo di Dio, però, non si è mai mosso da Sassuolo.

E non è l'unico episodio di questo genere.

Una signora, originaria di Pianorso e sposata dal 1945 in Inghilterra, viene ricoverata d'urgenza in ospedale a Londra. Sentendosi mancare, chiede l'assistenza religiosa di un sacerdote cattolico. Le viene riferito che ciò sarà possibile solo dopo alcuni giorni. Chiede allora di andare in cappella per pregare. Poiché non è in grado di reggersi, viene trasportata su una sedia a rotelle da un'infermiera che promette di tornare a prenderla. Improvvisamente, si trova accanto un sacerdote anziano, piccolo di statura che la invita alla preghiera e, su sua richiesta, la benedice. Si alza e ritorna da sola al reparto. E di fronte alle infermiere stupite, afferma di aver ricevuto la benedizione di un sacerdote cattolico e di sentirsi guarita. Da quel giorno, infatti, la signora sta bene. Racconta questo episodio alla cugina che abita a Sassuolo che immediatamente lo riferisce ad una suora carmelitana presso il cui monastero si è recata a portare un aiuto. La monaca, figlia spirituale di don Alfonso, come folgorata da un'intuizione, la invia in canonica dove le consigliano di spedire una fotografia del Servo di Dio alla cugina in Inghilterra e di chiedere se è quello il sacerdote che ha visto e che l'ha benedetta. La risposta affermativa non tarda a giungere. E la meraviglia per l'accaduto è ancora maggiore: don Alfonso è in Cielo già da due anni.

Quanti hanno conosciuto il Servo di Dio sono convinti di aver vissuto accanto a un santo e tanti affermano che egli ha testimoniato nella quotidianità l'eroicità delle sue virtù. Come stupirsi allora se, nella malattia e nelle infermità, molti si raccomandano a lui e lasciano una testimonianza delle grazie ricevute attraverso la sua intercessione.

Sono testimonianze semplici, a volte scritte frettolosamente su fogli di fortuna: «Il giorno sette luglio 2004, mentre stavo friggendo, mi si è rovesciato sul piede destro una grossa quantità di olio bollente. La bruciatura interessava buona parte del piede fino alla caviglia...». Il testimone viene portato al Pronto Soccorso con la diagnosi di ustioni diffuse di terzo grado. Egli si attarda a descrivere le atroci sofferenze che ha subito per dieci giorni, le cure che non agivano e la prospettiva certa di un trapianto. «*Sia mia moglie che i miei figli abbiamo deciso di invocare con incessante preghiera, l'intervento del Signore attraverso l'intercessione di don Alfonso, la cui santità era evidente quando era ancora tra noi...*». Una notte di particolare sofferenza, il testimone ottiene la grazia; il mattino seguente, il medico toglie la benda e sorpreso constata che non c'è alcun segno di ustione; consiglia il paziente di non fare più alcuna medicazione. Lo scritto si conclude con queste parole: «*A chi attribuire questa grazia? A Dio certamente, ma per intercessione di don Alfonso*».

Molte altre testimonianze concernenti presunte guarigioni da carcinomi, encefaliti e altre gravi patologie vengono raccolte e catalogate con cura; giungono per telefono, per lettera…

Tutti attendono con serenità il giudizio della Chiesa, ma nella loro mente e nel loro cuore don Alfonso è già santo.

Registro per le annotazioni dei devoti.

XVI

IL DIALOGO CONTINUA

Ai piedi della Grotta di Lourdes, nella piccola cappella del Carandino, ogni giorno c'è chi va a fare visita a don Alfonso per continuare con lui un dialogo che la morte non ha interrotto, ma che sembra protrarsi oltre le barriere della vita. Ne sono testimonianza i numerosi messaggi che vengono scritti nei registri che, come si è già detto, sono posti accanto alla sua tomba e al suo confessionale.

Appena avvenuta la traslazione, si legge: «*Il Signore è grande! Bentornato don Alfonso! Aiutaci dal Cielo come facevi quando eri in terra*» e più avanti: «*Grazie di essere ancora tra noi, non dimenticherò mai il bene che mi hai fatto. Il Signore te ne renda merito in Paradiso tra i suoi Santi. Anche tu un giorno lo diventerai. Un abbraccio*».

Molti ricordano il suo impegno per trovare un'occupazione dignitosa ai tanti disoccupati che si rivolgevano a lui e, a decine, gli chiedono di intercedere presso il Signore per trovare un lavoro; altri ringraziano per ciò che hanno ottenuto: «*Caro don Alfonso, 42 anni fa venni qua a chiedere un lavoro. Oggi, invece, è il mio primo giorno di pensione, Grazie, grazie, grazie*».

Tra i tanti ringraziamenti è bello ricordare anche una mamma che ha trovato qualche difficoltà durante la sua gravidanza: «*Le mie figlie sono vive grazie a te e alla forza che mi hai dato. Mi hai accompagnato tenendomi per mano durante l'attesa. Mi hai detto: "Portamele, le curerò io". Grazie. Ti sono riconoscente per il coraggio che mi hai infuso*». Un'altra mamma: «*Ti affido questa vita che porto in grembo. Dai un bacio a Gesù per me*».

I giovani presentano al Servo di Dio i loro problemi affettivi: «*Proteggi il mio ragazzo che domenica riceverà il Sacramento della Confermazione*»; «*Ti affido il mio ragazzo e la nostra storia, proteggilo e facci crescere nell'amore*»; «*Don Alfonso fammi trovare una brava ragazza da sposare per formarmi una buona famiglia*».

I bambini scrivono le frasi più spontanee e simpatiche a lui che ha sempre mantenuto l'animo trasparente di un fanciullo: «*Buone vacanze!*»; «*Buon compleanno!*»; «*La mia nonna ti chiamava per la comunione e tu non mancavi mai. Grazie!*»; «*Aiutami a essere più brava in matematica!*»; Riccardo utilizza mezza pagina per affermare: «*Io sono contento che ti fanno Beato!*»; Alice e Alessia: «*Grazie per le tue messe. Ti vogliamo bene*»; e un monello: «*Aiutami a non litigare con mia sorella e a obbedire a papà e mamma*»; una richiesta è particolarmente commovente: «*Aiutami a trovare i miei genitori*»; Vittoria e Fabiana chiedono: «*Don Alfonso aiutaci a prepararci bene per la Messa di Prima Comunione*». Sono solo alcuni esempi estrapolati qua e là, tra molti cuoricini con la sigla T.V.B. di facile intuizione. Intere classi delle scuole elementari hanno lasciato firme, disegni e richieste come si fa con una persona che si sente presente e con la quale sembra si possa interloquire.

Tanti ricordano la sua direzione spirituale e ricorrono ancora a lui come guida: «*Caro don Alfonso, mi mancano tanto le tue confessioni, la tua fiducia nella provvidenza, la tua semplicità…*»; «*Ti prego aiutami a ritrovare il Signore perché da sola non ci riesco.*»; «*Ti chiedo la mia liberazione dal demonio che rovina la mia esistenza*»; «*Ti ho conosciuto quando ero bambina, ora sono cresciuta e come venivo da te allora per confessarmi, oggi vengo a te per chiederti aiuto; indicami la strada giusta da percorrere perché ora sono nel buio totale e non so dove andare. Guidami tu, ti prego, fammi vedere cosa è bene e cosa è male. Grazie*»; «*Come posso farmi capire? Rispondimi!*».Questa ultima richiesta di una risposta implica la convinzione di ottenerla. E che ciò accada è testimoniato dai tanti ringraziamenti che costellano le pagine di questi registri.

Tra le migliaia di richieste, colpiscono quelle di due consacrati che si rivolgono al confratello che ha suscitato, seguito e diretto tante vocazioni sacerdotali e religiose. Si trascrivono in rappresentanza di tante altre. «*Don Alfonso, ti raccomando il mio ministero diaconale; che possa portare Gesù dove Lui vuole essere portato*»; «*Grazie per l'esempio che hai dato a noi Servi della Chiesa; aiutaci ad essere santi anche in questa vita!*».

In pochissimo tempo, vari registri sono stati colmati di richieste, ringraziamenti ed anche di interventi che, se lasciano un po' stupiti, ci fanno comprendere che il cuore di don Alfonso rimane aperto a tutti anche ora come lo era in vita: «*Spettabile don Ugolini, sono un poco di buono, ma credo ancora in Dio, aiutami tuttavia.*»; «*Pietà. Sono una ladra. Adesso prendo qua qualcosina e poi basta. Pietà*».

In questo pellegrinaggio terreno, il dialogo con don Alfonso continua: è un amico che dal Cielo intercede e protegge.

Immagine della Madonna delle Grazie nel Duomo di San Giorgio.

Postfazione

Dopo la lettura di queste pagine voglio condividere con voi, cari lettori, il grazie che nasce dal cuore per la bella testimonianza presentata.

Il grazie va prima di tutto al Signore che non manca mai, come padre di misericordia, di chiamare pastori come don Alfonsino che accompagnino il suo gregge lungo le strade della storia. La loro guida, fondata sull'amore a Dio e al prossimo, sostiene ed incoraggia i passi della Chiesa nella testimonianza lieta e coraggiosa del Vangelo, unica via di salvezza per l'uomo.

Da questo scritto si evince quanto don Alfonsino abbia significato e significhi tuttora per la comunità sassolese. Instancabile nella sua missione di carità, di assistenza ai malati e di preghiera costante, il piccolo sacerdote ha davvero incarnato quella figura di pastore che Papa Francesco ai giorni nostri definisce come colui che deve avere addosso "l'odore del gregge".

Pur vivendo momenti di grave crisi vocazionale, il Signore continua a chiamare operai per la sua messe, uomini semplici ma ricchi di sapienza, di carità e di devozione che con le parole, ma ancor di più con la loro presenza, richiamano la fedeltà al Vangelo.

È nostro compito ora, con l'intercessione di don Alfonsino, lavorare il terreno dei nostri cuori, delle nostre comunità, delle nostre famiglie perché la chiamata del Signore non vada disattesa.

Tanti sono i pensieri che nascono nel mio animo dopo la lettura di *Una cattedrale nascosta*, pensieri che possono davvero ispirare la vita di un pastore, la cura per le comunità a partire dai più piccoli e dai più poveri, la custodia della propria vocazione sempre da alimentare e da tenere attenta a tutti i richiami del Signore.

Grazie a don Alfonso per la generosità con cui ha saputo rispondere al Signore nel dono della sua consacrazione a Lui.

Pur non avendolo conosciuto di persona, mi colpisce la serenità e la gioia che scaturisce dalle sue parole, dalla sua carità, dal suo mettersi a servizio del Signore presso ogni fratello e ogni sorella che bussava alla porta del suo cuore.

Ancora oggi credo che don Alfonsino abbia qualcosa da dire alle numerose persone che quotidianamente si recano sul suo sacello per una preghiera, uno sfogo, un momento di raccoglimento. Siamo ben certi che il suo piccolo grande cuore continua a battere ai piedi della Vergine Santa dove tante volte sostava in preghiera, raccomandando alla Madre celeste la cura e la salvezza delle anime.

Grazie a Sassuolo che ha sempre amato don Alfonsino chiamandolo "il prete della carità", "il confessore". Il suo confessionale è stato meta di pellegrinaggi di conversione, di scoperta della Misericordia divina e ancora oggi la gente, entrando in San Giorgio, sosta per alcuni attimi di silenzio e di preghiera di fronte al luogo dal quale don Alfonsino amministrava il sacramento della riconciliazione.

Grazie agli autori e a tutti gli amici del Comitato che, con affetto e devozione, si sono adoperati per la beatificazione del servo di Dio don Alfonso Ugolini e per la stesura di quest'opera che permetterà una conoscenza più approfondita della figura e dell'azione pastorale di questo sacerdote che dal cielo continua a pregare intercedendo e proteggendo tutti coloro che si rivolgono a lui.

Don Giovanni Rossi
Parroco di Sassuolo

AVE MARIA
SERVO DI DIO DON ALFONSO UGOLINI SACERDOTE 1908-1999

PREGHIERA PER OTTENERE GRAZIE E PER LA BEATIFICAZIONE DEL SERVO DI DIO DON ALFONSO UGOLINI

Padre Santo, ci hai colmato di misericordia
attraverso le opere del tuo Servo don Alfonso,
apostolo della carità e del confessionale.

Sacerdote misericordioso secondo il Cuore di Gesù,
formato alla scuola dell'Immacolata,
come è stato in vita maestro e guida nello Spirito,
fa' che sia ancora speranza nel cammino di chi soffre
e luce per farci scoprire la forza della fede.

Signore, donaci di vedere
don Alfonso elevato alla gloria degli altari.
Confidiamo nella sua intercessione presso di Te,
per ottenere la grazia che ti chiediamo. Amen.

Imprimatur + Massimo Camisasca
Vescovo della Diocesi
di Reggio Emilia – Guastalla
8 aprile 2016

Per informazioni e segnalazioni:

s.giorgio.sassuolo@gmail.com

SHALOM

"La Vergine santa è il mezzo del quale nostro Signore si è servito per venire sino a noi, ed è anche il mezzo di cui noi dobbiamo servirci per andare a lui...
Se, dunque, noi stabiliamo la solida devozione della santissima Vergine, ciò è solo per stabilire più perfettamente quella di Gesù Cristo, è solo per dare un mezzo facile e sicuro per trovare Gesù Cristo. Se la devozione alla santissima Vergine allontanasse da Gesù Cristo, bisognerebbe rigettarla come un'illusione del diavolo. È, però, esattamente il contrario: questa devozione è necessaria proprio per trovare Gesù Cristo perfettamente, amarlo teneramente e servirlo fedelmente".

San Luigi Maria Grignion di Montfort, *Trattato della vera devozione a Maria*

L'EDITRICE SHALOM stampa libri di preghiera, meditazione, conoscenza delle basi della fede che non si piega alle mode, di riflessione sulla morale cattolica e biografie dei santi.
Tutti i testi sono scritti in assoluta obbedienza alla Chiesa cattolica, in un linguaggio semplice ma profondo, e offrono la possibilità di:

- **trovare Gesù Cristo perfettamente,**
- **amarlo teneramente,**
- **servirlo fedelmente.**

La Vergine santa non solo è *"il mezzo del quale nostro Signore si è servito per venire sino a noi"*, ma ella è anche *"il mezzo di cui noi dobbiamo servirci per andare a lui"*. Attraverso Maria troviamo, conosciamo, amiamo e serviamo Gesù, come solo una madre conosce, ama e serve il proprio figlio, per cui l'Editrice Shalom vuole amare e far amare teneramente Gesù:

- **riaffermando la centralità dell'Eucaristia,**
- **promuovendo la preghiera come mezzo privilegiato per trovare il Signore,**
- **diffondendo la devozione al Cuore immacolato di Maria,**
- **onorando san Giuseppe e gli arcangeli.**

Le pagine che seguono offrono una selezione di libri, attinenti per argomento al presente testo, finito di stampare nel giugno 2017 presso Tipoluce. Sono un piccolo assaggio di una produzione molto più varia e vasta, consultabile sul Catalogo generale che può essere richiesto ai nostri recapiti oppure visitando i siti:

www.editriceshalom.it
www.shalomviaggi.it

Alla prima registrazione su uno dei siti si potrà ricevere a casa, gratuitamente, il Catalogo e un omaggio (un numero del "Messalino", un numero della rivista o altro...) come nuovo cliente. Inoltre, iscrivendosi alla newsletter, periodicamente si potranno ricevere tutte le novità editoriali, le news e il calendario degli incontri di preghiera.

seguici su f You Tube

Sulla Tua Parola

Messalino
Letture della Messa commentate per vivere la Parola di Dio

Formato: cm 10x13,5
Pagine: 768
Prezzo: € **4,00**
Codice d'Ordine: **VARI**

Periodico bimestrale

DIRETTORE GENERALE
Giordano Maria Mascioni

COMMENTI
Fr. **Roberto Fusco**, ffb

MODI DI VIVERE
Giovanna Casagrande Paoloni

INTENZIONI DI PREGHIERA
Sorelle Clarisse di Camerino

DALL'INDICE
- Le letture della Messa.
- Meditazioni per ogni lettura.
- Propositi semplici per mettere in pratica la Parola di Dio.
- Vite dei santi.
- Preghiere attinenti al bimestre.
- I luoghi dello Spirito.

Ogni giorno Gesù parla al nostro cuore attraverso le letture della Messa. Tante volte però non siamo in sintonia con lui per stanchezza o per semplice incomprensione dei testi sacri. Spesso avremmo bisogno di una spiegazione o di un commento chiaro, che ci permetta di capire le letture per poi metterle in pratica.
Il Messalino, che possiamo portare sempre con noi, ci viene incontro con il commento/meditazione delle letture; ci fa conoscere la vita e l'esempio del santo del giorno; ci guida nella liturgia quotidiana e nelle preghiere della Chiesa.
Diviene, così, un compagno di viaggio semplice ed edificante durante tutte le ore del giorno.

Cod. **35053**	Custodia in similpelle con bottoncino	€ **8,60**
Cod. **35016**	Custodia in pelle con bottoncino	€ **12,80**

NOVITÀ

SHALOM

Frammenti di pace

Formato: cm 19,5x26,5
Pagine: 80
Prezzo: € **2,50**
Codice d'Ordine: **VARI**

Periodico mensile

DIRETTORE
Antonio Gaspari

VICEDIRETTORI
Adele Giordano
Simone Incicco

CONTENUTI
Ogni numero della rivista ti offre numerose rubriche che, con articoli particolari per ogni mese, affrontano temi attuali rispetto alla fede, alla Chiesa in Italia e nel mondo, alla politica e alla famiglia.
Con le belle notizie che ogni giorno nascono all'interno della Chiesa e della società, con una particolare attenzione alle cronache "mariane".

Di fronte a un mondo che soffre per conflitti armati e per tanti, troppi, che scatenano violenze e guerre, vogliamo portare montagne di bene, atti di amore, di perdono, di consolazione, di umana fratellanza.

Certi che la misericordia di Dio non ci abbandonerà mai, abbiamo dato vita alla rivista "Frammenti di pace".

Con "Frammenti di pace" vi racconteremo le storie, daremo voce ai tantissimi uomini e donne che ogni giorno inseguono l'infinito e non gli basta, persone che si donano, curano, amano, ridono, piangono, cantano, dipingono, ballano insieme ai tanti bisognosi che popolano il pianeta.

"Frammenti di pace" intende cercare e raccontare la verità, la bontà e la bellezza dell'umana natura. Vuole illuminare menti, accendere cuori e scatenare il paradiso al fine di realizzare una civiltà dell'amore.

Abbonati e diffondi "Frammenti di pace".

Abbonamento annuale agli 11 numeri della rivista € 27,00

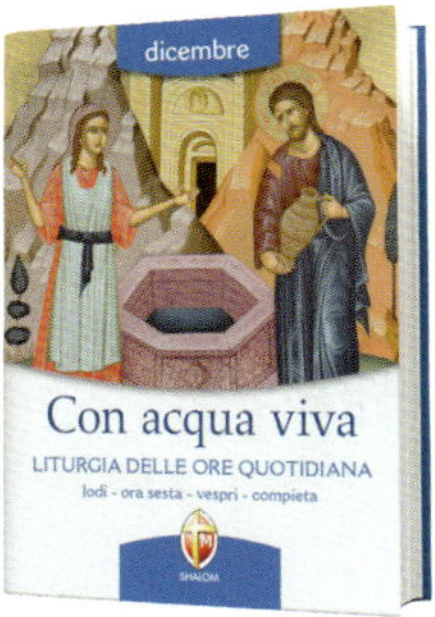

NOVITÀ

Con acqua viva

Liturgia delle ore quotidiana
Lodi, ora sesta, vespri e compieta

Formato: *cm 11,5x16,5*
Pagine: *720*
Prezzo: € **4,00**
Codice d'Ordine: **VARI**

Periodico mensile

DIRETTORE RESPONSABILE
Adele Giordano

CONTENUTI
Il mensile, veramente unico e rivoluzionario, propone lodi, ora sesta, vespri e compieta ordinati giorno per giorno.
Non è mai stato così facile recitare il breviario!

Che cos'è la liturgia delle ore? Vorrei recitarla, ma come e quando si prega? La possono recitare solo i sacerdoti e i religiosi?
Ho tentato varie volte, ma è così difficile! Come faccio a orientarmi nel Salterio? In quale settimana mi trovo? Come funziona nelle solennità e nelle feste? Cosa significa proprio del tempo, invitatorio, comune? Siamo in Avvento, quale volume devo usare?
Tutte queste domande da oggi hanno una sola risposta: "Con acqua viva", una nuova edizione che rivoluziona e facilita la recita di lodi, ora sesta, vespri e compieta.
Basta andare alla data del giorno corrente e tutto quello che devi fare ti viene indicato passo dopo passo, senza dover continuamente andare avanti e indietro per cercare gli inni, le letture brevi, l'antifona per il "Benedictus" e per il "Magnificat", l'orazione.

Cod.	**35143**	Custodia in similpelle con tre segnalibri e bottoncino *(vari colori)*	€ **11,60**

Abbonamento annuale ai 12 numeri di "Con acqua viva" € 48,00

La Sacra Bibbia

La via della pace

Formato: cm 14x20
Pagine: 3520
Prezzo: € **33,00**
Codice d'Ordine: **8642**

TESTI
UFFICIALI
CEI

ISBN 978-88-8404-327-6

COMMENTO-GUIDA
Padre **Tarcisio Stramare**, osj

PREFAZIONE
Cardinale **Angelo Comastri**

DALL'INDICE
Antico Testamento
- Pentateuco.
- Libri Storici.
- Libri Poetici e Sapienziali.
- Libri Profetici.

Nuovo Testamento
- Vangeli.
- Atti degli Apostoli.
- Lettere.
- Apocalisse.

Per approfondire
- Indice dei soggetti biblici.
- Mappe.
- I miracoli di Gesù.
- Le parabole di Gesù.

... e tanti altri...

La Sacra Bibbia - "La via della pace", nella traduzione ufficiale della CEI, ha come punti di forza:
1. la grande leggibilità per l'uso di un carattere tipografico grande;
2. le introduzioni, le note e i commenti, che utilizzano un linguaggio semplice, pur assicurando qualità e spessore di contenuto;
3. l'impostazione grafica, con illustrazioni a colori e la stampa su carta bianca, che assicura facilità di consultazione e grande chiarezza;
4. il prezzo contenuto.

Queste caratteristiche rendono La Sacra Bibbia - "La via della pace" unica e adatta a tutti i credenti.

CARATTERI GRANDI E LEGGIBILI DA TUTTI

disponibile in 5 colori

- codice 8642 *(bianco)*
- codice 8763 *(marrone)*
- codice 8762 *(tortora)*
- codice 8644 *(bordeaux)*
- codice 8832 *(rosso)*

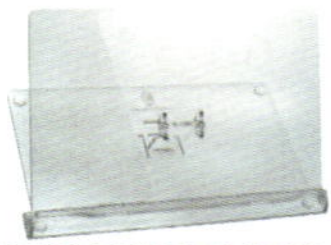

Cod.	**40986**	Leggio da tavolo per Bibbia ed. Shalom in plexiglass cm 35x20	€ **16,80**

codice 8767

EDIZIONE PICCOLA
disponibile in 6 colori

- codice 8764 *(bianco)*
- codice 8768 *(azzurro)*
- codice 8767 *(arancione)*
- codice 8766 *(marrone)*
- codice 8769 *(rosso)*
- codice 8765 *(tortora)*

Formato 12,5x17,5 Prezzo: € 30,00

codice 8772

CON BOTTONCINO
disponibile in 3 colori

- codice 8772 *(rosso)*
- codice 8771 *(marrone)*
- codice 8770 *(blu)*

Formato 12,5x17,5 Prezzo: € 30,00

codice 8823

TASCABILE CON BOTTONCINO
disponibile in 4 colori

- codice 8822 *(bianco)*
- codice 8823 *(marrone)*
- codice 8824 *(rosso)*
- codice 8825 *(grigio)*

Formato 10x14,2 Prezzo: € 27,00

Vangelo e Atti degli Apostoli

Formato: cm 10x13,5
Pagine: 768
Prezzo: € **2,00**
Codice d'Ordine: **8364**

ISBN 978-88-8404-217-0

CURATORE
Dom **Mariano Grosso**, osb

DALL'INDICE
- Introduzione generale.
- Il Vangelo e i Vangeli.
- Il processo di formazione dei Vangeli.
- I simboli degli evangelisti.
- Vangelo di Matteo.
- Vangelo di Marco.
- Vangelo di Luca.
- Vangelo di Giovanni.
- Atti degli Apostoli.
- Indice analitico.
- Carte e piantine.

Io consiglio di portare sempre con sé un piccolo Vangelo – oltretutto comprarlo costa poco – per tenerlo nella borsa, in tasca, e leggere durante la giornata un passo del Vangelo. Un consiglio pratico per trovare Gesù, perché Gesù è proprio nella sua parola, nel suo Vangelo. Ogni volta che io leggo il Vangelo trovo Gesù.
Papa Francesco

Adatto a tutti, tascabile, pratico, economico, bello, colorato; arricchito da una introduzione ai singoli Vangeli, dalle cartine originali dei luoghi del Nuovo Testamento, da un vasto e completo indice analitico che ne agevola la consultazione. Perfetto per Prime Confessioni, Comunioni, Cresime, regali.

CARATTERI GRANDI E LEGGIBILI DA TUTTI

Cod.	**8698**	Edizione con copertina illustrata	€ **2,00**
Cod.	**35055**	Custodia in pelle con zip, bicolore	€ **18,80**

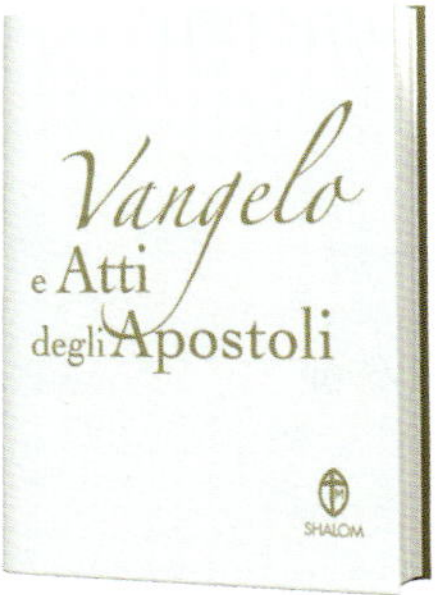

EDIZIONE PREGIATA

Formato: cm 10x13,5
Pagine: 768
Prezzo: € **3,00**
Codice d'Ordine: **8592**

ISBN 978-88-8404-279-8

"Vangelo e Atti degli Apostoli" in un'edizione pregiata, con copertina cartonata, in similpelle bianca e stampa oro a caldo.

UN'OTTIMA IDEA REGALO, PENSATA PER LA PRIMA COMUNIONE, MA ADATTA A OGNI OCCASIONE.

Cod. **40925**	Targhetta in ceramica bianca da personalizzare cm 4x3	€ **5,70**

Disponibile anche in 5 colori

Prezzo: € **4,00**

- codice 8773 *(tortora)*
- codice 8774 *(marrone)*
- codice 8775 *(arancione)*
- codice 8776 *(blu)*
- codice 8777 *(rosso)*

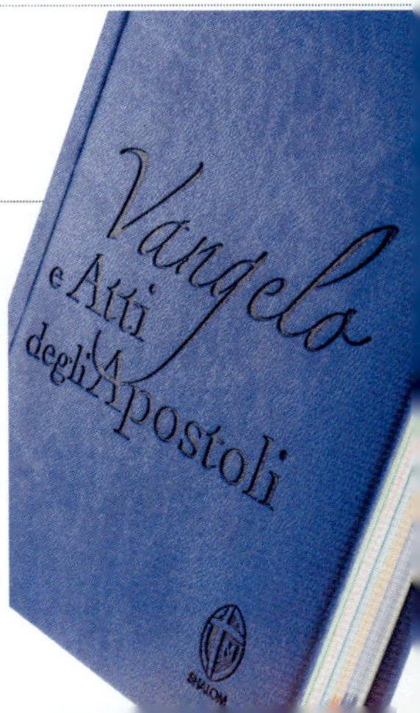

Il Nuovo Testamento

Formato: cm 12x19
Pagine: 1040
Prezzo: € **10,00**
Codice d'Ordine: **8451**

ISBN 978-88-8404-232-3

COMMENTO-GUIDA
Padre **Tarcisio Stramare**, osj

DALL'INDICE
- Vangelo di Matteo.
- Vangelo di Marco.
- Vangelo di Luca.
- Vangelo di Giovanni.
- Atti degli Apostoli.
- Lettere.
- Apocalisse.
- Indice analitico.
- Cartine a colori.

Il volume raccoglie tutti gli scritti del Nuovo Testamento. Le caratteristiche principali di questa edizione sono:
- **il testo ufficiale della Cei;**
- **l'originale commento-guida di padre Tarcisio Stramare** che accompagna ognuno di noi nella lettura offrendo spunti per cogliere il significato più profondo del messaggio evangelico;
- **i caratteri tipografici grandi** che rendono questa edizione unica nel suo genere;
- **la veste grafica gradevole** poiché a colori, illustrata e arricchita da **cartine** riassuntive;
- **il formato pratico**, maneggevole e comodo da usare in ogni circostanza;
- **l'indice di temi e soggetti biblici**, indispensabile strumento di consultazione immediata per tutti.

Cod.	**8525**	Versione con copertina cartonata	€ **12,00**
Cod.	**35054**	Custodia in pelle con bottoncino *(vari colori)*	€ **21,40**

Le più belle preghiere della Bibbia: i Salmi

Non c'è sentimento dell'animo umano che i Salmi e i Cantici non manifestino: gioia, riconoscenza, gratitudine, amore, tenerezza, entusiasmo, intensa sofferenza, richiesta di aiuto e di giustizia...
E non ci sono situazioni della vita che essi non possano permetterci di trasformare in preghiera: gioie, lutti, malattie, affetti, odii, guerre e carestie, ricchezza e povertà.

Formato: cm 12x19
Pagine: 576
(copertina cartonata)
Prezzo: € **9,00**
Codice d'Ordine: **8107**

ISBN 978-88-86616-22-5

“Pregate sempre, senza stancarvi mai”

Un libro a cura di padre Ferdinando Campana, ofm - Il volume mette nelle mani dei fedeli uno strumento indispensabile, pratico e facile da usare per recitare le lodi, l'ora media, i vespri e la compieta, nella preghiera personale e comunitaria. La presente edizione è pensata per aiutare, nel modo più essenziale possibile, le moltissime persone che ogni giorno desiderano pregare con la preghiera ufficiale della Chiesa, ma che si orientano con fatica tra le migliaia di pagine dei quattro volumi che compongono la liturgia delle ore.

Formato: cm 12x19
Pagine: 1200
(copertina cartonata)
Prezzo: € **12,00**
Codice d'Ordine: **8144**

ISBN 978-88-8404-037-4

"Pregate, pregate, pregate"

Nuova edizione ampliata

Formato: cm 12x19
Pagine: 2160 (copertina semirigida)
Prezzo: € **12,00**
Codice d'Ordine: **8000**

ISBN 978-88-8404-293-4

PREFAZIONE
Cardinale **Angelo Comastri**

REVISIONE TESTI
Padre **Serafino Tognetti**

DALL'INDICE
- Verità principali della fede.
- Norme di vita cristiana.
- Preghiere per ogni giorno.
- Trinità.
- Il Padre.
- Il Figlio.
- Lo Spirito Santo.
- La beata Vergine Maria.
- San Giuseppe.
- Santa Famiglia.
- Angeli.
- I santi ci insegnano a pregare.
- Altre preghiere.
- Santuari mariani.

IL LIBRO DI PREGHIERE PIÙ COMPLETO ESISTENTE IN COMMERCIO

Le più belle e importanti preghiere della tradizione arricchite dalle devozioni più moderne, grazie alle quali tutti possono trovare le parole adatte che più manifestano la propria devozione.
È impossibile non trovare in questo libro la preghiera che fa per noi: ci sono quelle dedicate a Gesù e alla Madonna, ai santi, agli angeli, allo Spirito Santo... Questo libro ci viene in aiuto per chiedere le grazie a noi necessarie in ogni ambito della nostra vita: la famiglia, il lavoro, l'amicizia.
In ogni sezione troverai gli inni, le preghiere con i maestri spirituali, le preghiere per le varie necessità, le novene, le litanie e tutte le forme di devozione più usate dalla Chiesa.
Con i caratteri grandi e la grafica a colori, questo libro è adatto ai giovani e agli anziani, alle famiglie, ai sacerdoti...

Completamente rinnovato nei contenuti e nella grafica

Parte seconda

LA SANTISSIMA TRINITÀ

Un libro speciale, di grande qualità, sempre al miglior prezzo!

Acquistalo e scoprirai la preghiera a misura del tuo cuore che ti suggerisce le parole giuste per parlare al Signore, a Maria, ai santi...

① ② ③

①	Cod.	**8001**	Nuova edizione ampliata, cop. cartonata	€ **14,00**
②	Cod.	**35108**	Custodia in pelle per edizione ampliata con zip	€ **30,40**
③	Cod.	**35109**	Custodia in pelle per edizione ampliata con bottoncino	€ **23,80**

"Pregate, pregate, pregate"

Formato: cm 12x19
Pagine: 528
Prezzo: € **7,00**
Codice d'Ordine: **8100**

ISBN 978-88-86616-00-3

CURATORE
Suor **Maria Gabriella Turrin dell'Annunciazione**

DALL'INDICE
Preghiere, coroncine, consacrazioni, suppliche e novene con le quali onorare, chiedere, lodare e ringraziare:
- Padre.
- Figlio.
- Spirito Santo.
- Beata Vergine Maria.
- Santa Famiglia.
- Angeli.
- Santi.

Oltre a:
- Le verità della fede.
- Le preghiere tradizionali del cristiano.
- Via Crucis e Rosario.

Chi è alle prime armi e non conosce le verità della fede e le preghiere tradizionali, chi è un po' "arrugginito" per gli anni lontano dal Signore, chi vuole pregare usando devozioni e formule care alla tradizione o chi vuole provare nuove forme e tipi di preghiera... In una parola il "Pregate, pregate, pregate" è un libro per tutti!
Ogni parola o slogan è impreciso e riduttivo per spiegare che questo libro non è una semplice antologia di preghiere o un manualetto più o meno completo, ma uno strumento agile, efficace e utilizzabile da 0 a 110 anni...

È il "passa-parola" di migliaia e migliaia di persone che lo hanno apprezzato, sgualcito, usato e consumato nella preghiera e che, non potendone fare a meno, lo hanno ricomprato quando cadeva a pezzi e, non potendo tacere le meraviglie che la preghiera operava in loro, lo hanno regalato ai propri cari, conoscenti o diffuso come opera di apostolato.

Cod.	**8101**	Edizione pregiata, copertina cartonata	€ **9,00**
Cod.	**40623**	Copertina in plastica trasparente per codice 8100	€ **0,55**
Cod.	**35052**	Custodia in similpelle con bottoncino per codice 8100	€ **10,60**

Una famiglia per il cielo

I servi di Dio Sergio e Domenica Bernardini

Formato: cm 11x17
Pagine: 160
Prezzo: € **4,00**
Codice d'Ordine: **8584**

ISBN 978-88-8404-272-9

AUTORI
Paolo e Laura Bertolani

PREFAZIONE
Card. **Ennio Antonelli**,
Presidente del Pontificio Consiglio per la Famiglia

PRESENTAZIONE
Mons. **Antonio Lanfranchi**,
Arcivescovo di Modena

POSTFAZIONE
Mons. **Renzo Bonetti**

DALL'INDICE
- Il mugnaio di Falanello.
- Il tempo delle decisioni.
- Il tempo della prova.
- La breve parentesi americana.
- Nuovi orizzonti.
- Grazia su grazia.
- Aperti alla vita.
- Una casa sulla roccia.

... e tanti altri...

Una storia d'amore e di santità di straordinaria semplicità che emoziona e commuove.
Una vicenda matrimoniale intessuta di virtù cristiane e di saggezza umana. La vita di Sergio e Domenica Bernardini fu normale, nascosta, ma piena di ricchezza: 52 anni di matrimonio, dieci figli più uno "adottato", di cui sei figlie suore e tre figli sacerdoti, ma soprattutto la capacità di accettare sempre e comunque la volontà di Dio, anche nelle situazioni peggiori. Esempi luminosi di vita matrimoniale vissuta nella fedeltà, nell'accoglienza della vita e nell'educazione dei figli.
In attesa della causa di beatificazione, Sergio e Domenica, proclamati venerabili nel 2015 da Papa Francesco, entrambi servi di Dio, sono esempio di un matrimonio cristianamente vissuto, che deve essere proposto alle famiglie di oggi. In un tempo in cui il modello familiare dominante sembra quello della coppia in difficoltà, la vita di Sergio e Domenica – che morirono rispettivamente il 12 ottobre 1966 e il 27 febbraio 1971 – è una testimonianza concreta di come si possa crescere insieme nella fede e nella coerenza cristiana, offrendo nuove ragioni di speranza a tutta la società.

Beato Rolando Rivi

Seminarista martire

Un libro di Emilio Bonicelli

Il giornalista e scrittore Emilio Bonicelli racconta, in modo intenso e avvincente, la storia di Rolando Rivi, che a soli 14 anni ha donato la vita per Gesù.

Entrato in seminario, Rolando portò con coraggio la sua testimonianza di fede e di carità, vestendo sempre l'abito talare, segno – come diceva – della sua appartenenza al Signore. Finì per questo vittima del clima di odio contro i sacerdoti diffuso sul finire della guerra. Nell'aprile del 1945 Rolando fu rapito, brutalmente torturato, ucciso per la sola colpa di guidare gli altri ragazzi all'esperienza cristiana.

Rolando è un'icona dei molti martiri cristiani del nostro tempo. È stato beatificato il 5 ottobre 2013.

Formato: cm 11x17
Pagine: 208
Prezzo: € **4,00**
Codice d'Ordine: **8491**

ISBN 978-88-8404-220-0

Beato Giacomo Alberione

Editore e apostolo del nuovo millennio

Un libro di Giuseppe Lacerenza

Il beato Alberione è uno dei fondatori più dinamici del secolo scorso. Nei suoi confronti esiste un paradosso. Mentre le riviste "Famiglia Cristiana" o "Jesus", così come i Paolini e le Paoline, sono molto noti in Italia e nel mondo, don Alberione, invece, fondatore, ideatore e apostolo della buona stampa, rimane ancora nell'ombra. Di qui l'importanza di questa biografia. Il libro ripercorre, con ricchezza di immagini e con un racconto vivace, i giorni e le opere del dinamico sacerdote piemontese, fondatore e creatore di un carisma di sorprendente modernità.

Formato: cm 11x17
Pagine: 384
(copertina cartonata)
Prezzo: € **7,00**
Codice d'Ordine: **8546**

ISBN 978-88-8404-280-4

NOVITÀ

Rosario Livatino

Il giudice santo

Un libro di Domenico Airoma

L'opera si divide in due parti.
Nella prima vengono descritti in modo essenziale ed efficace i tratti salienti della vita del servo di Dio Rosario Angelo Livatino, giudice siciliano ucciso dalla "Stidda", un gruppo mafioso, nel settembre del 1990.
La seconda parte del testo raccoglie gli atti del Convegno "25 anni dopo. Rosario Livatino: diritto, etica, fede", che si è tenuto a Roma il 18 settembre 2015. Al Convegno hanno partecipato personaggi illustri e di grande attualità: politici, religiosi e operatori del settore della giustizia.
Un libro diverso dalla solita biografia, perché le toccanti parole spese su Rosario Livatino durante il Convegno rendono ancora più fulgida la sua testimonianza.

Formato: cm 11x16,5
Pagine: 192
Prezzo: € **5,00**
Codice d'Ordine: **8821**

ISBN 978-88-8404-446-6

Santa Gianna Beretta Molla

Tutti i colori della vita

donna, sposa, mamma... santa

Perché proporre l'eroica testimonianza di Gianna Beretta Molla? Perché la sua biografia è un richiamo a difendere la vita (fin dal suo concepimento), il matrimonio e la famiglia, oggi attentati in vari modi; è un'esortazione ai giovani a vivere coerentemente e con gioia la propria fede; un appello ai medici a vivere la professione come una missione. Santa Gianna ci insegna il coraggio di percorrere la via del sacrificio, perché il chicco che muore porta frutto.

Formato: cm 11x16,5
Pagine: 512
Prezzo: € **9,00**
Codice d'Ordine: **8475**

ISBN 978-88-8404-226-2

San Giuseppe Moscati

Un grande nella carità

Il dolore va trattato non come un guizzo o una contrazione muscolare, ma come il grido dell'anima, a cui un altro fratello, il medico, accorre con l'ardenza dell'amore, la carità.

San Giuseppe Moscati

In un tempo in cui è necessario riscoprire la bellezza dell'umanità, san Giuseppe Moscati ci può essere maestro.
Lui, il medico santo che curava il corpo e lo spirito, non ha mai trattato il malato come un numero, ma sempre per quello che era ed è: un fratello da soccorrere con la precisione della scienza e la sensibilità della fede.
Leggi queste pagine e imparerari il rispetto, la delicatezza, la sensibilità e l'amore che bisogna usare nei confronti dei malati e dei sofferenti.

Formato: cm 11x16,5
Pagine: 320
Prezzo: € **7,00**
Codice d'Ordine: **8327**

ISBN 978-88-8404-114-2

Giorgio La Pira uomo di Dio

tratti di spiritualità del sindaco santo

È una bellissima e preziosa raccolta che mette in rilievo la sua figura di cristiano genuino. Quanto è di attualità! Potessero i nostri uomini politici guardare a lui! Ci interpella tutti con il suo esempio di coerenza evangelica, come dice fra l'altro il Card Benelli: "Tutti siamo debitori a Giorgio La Pira di questa chiara testimonianza di fortezza nella fede".

Card. Angelo Comastri

Formato: cm 11x16,5
Pagine: 272
Prezzo: € **7,00**
Codice d'Ordine: **8492**

ISBN 978-88-8404-224-8

Il santo Curato d'Ars

Ho visto Dio in un uomo

AUTORE
Padre **Serafino Tognetti**

PRESENTAZIONE
Mons. **Luigi Negri**

CONTENUTI
- La vita.
- Le preghiere.
- Le più belle frasi del Santo.

Formato: cm 11x17
Pagine: 416
Prezzo: € **8,00**
Codice d'Ordine: **8415**

ISBN 978-88-8404-235-4

Molta gratitudine per questa esemplare, bellissima rievocazione della figura del santo Curato d'Ars, una rievocazione profonda come lettura spirituale e morale, assolutamente elementare come linguaggio, che fa entrare la figura del santo Curato d'Ars nella nostra vita di oggi in modo tale che questa rinnovata presenza interpelli anche la nostra vita.

Monsignor Luigi Negri
dalla Presentazione

Un libro unico da leggere e da regalare...
Adatto a tutti: al sacerdote, perché illuminato e aiutato dalla figura del santo Curato sia fiaccola accesa per la Chiesa del terzo millennio; ai laici, perché imparino ad amare, aiutare e sostenere i sacerdoti, dono inestimabile di Dio al suo popolo.

Dio solo basta alla vita

San Charbel Makhlouf

Formato: cm 11x16,5
Pagine: 256
Codice d'Ordine: **8850**

ISBN 978-88-8404-485-3

AUTORE
Valerio Lessi

CONTENUTI
La misteriosa vita dell'eremita libanese più amato di tutti i tempi, ancora oggi protagonista di guarigioni miracolose e fatti inspiegabili.

Giuseppe Makhlouf nacque in Libano nel 1828. Entrato nell'Ordine Maronita Libanese, con il nome di Charbel, divenne eremita ad 'Annaya, sottoponendosi a dure mortificazioni. Morì a 70 anni durante la celebrazione eucaristica. Dopo la sua morte accaddero fatti inspiegabili: il suo corpo continuò a emettere per anni un sudore rossastro e conservò la temperatura di un corpo vivente. Nel 1950 le autorità religiose fecero riaprire la cassa per analizzare il liquido emanato. Fuori fedeli e pellegrini venuti da ogni parte imploravano con preghiere la guarigione di infermi: molte guarigioni avvennero istantaneamente. Nel 1965 l'eremita fu beatificato da papa Paolo V e canonizzato nel 1977. Ancora oggi l'intervento di san Charbel è sorprendentemente forte e incisivo: fatti inspiegabili e miracoli straordinari accadono per sua intercessione.

PROSSIMA USCITA

NOVITÀ

La novità degli sposi cristiani

conoscere e vincere i vizi in famiglia

Formato: cm 11x16,5
Pagine: 160
Prezzo: € **5,00**
Codice d'Ordine: **8790**

ISBN 978-88-8404-499-0

AUTORE
Don **Renzo Bonetti**

CONTENUTI
- Introduzione.
- «Lo spirito è pronto, ma la carne è debole».
- «Inizio di tutti i peccati è la superbia».
- «L'invidia è la carie delle ossa».
- «Non tramonti il sole sopra la vostra ira».
- «Nessun avaro ha in eredità il regno di Cristo e di Dio».
- Ingordigia: «Il ventre è il loro dio».
- Lussuria: «Non ti abbandonare alla tua passione».
- Accidia: «Poiché sei tiepido, non sei cioè né freddo né caldo, sto per vomitarti dalla mia bocca».
- Conclusione.

Spesso incomprensioni non chiarite, ferite non rimarginate, parole urlate... possono ostacolare l'armonia e l'amore in famiglia.
Il peccato allora si insinua come un tarlo lento che corrode anche le migliori intenzioni.
Ripercorrendo i "vizi capitali" con profondità e competenza, don Renzo Bonetti accompagna in un meraviglioso cammino di liberazione che trasfigura l'amore umano e lo rende libero e splendente dell'amore di Dio.
Mentre il fuoco dello Spirito Santo brucia il male dei vizi per far risplendere la bellezza del Vangelo, l'unione tra gli sposi si rinsalda e tutta la famiglia può godere di una "santità ordinaria" fatta di semplicità e gratuità.

La novità degli sposi cristiani è un libro ricco di spunti di riflessione per le famiglie che desiderano crescere nell'amore autentico.